»Anfang Februar 2012 ließ ich meine Welt hinter mir und betrat ein Paralleluniversum. Die abgegriffene Metapher sehe man mir nach, aber es ist ein treffendes Bild, und ich verwende es in voller Absicht. Denn der Kosmos, von dem ich rede, glich zwar jenem, aus dem ich stamme, nur dass hier die Gesetze der Physik aufgehoben zu sein schienen. Denn die Bewohner jener fremden Welt reisten durch die Zeit. Sie ernährten sich von Licht. Und manche konnten mit der Kraft ihrer Gedanken heilen. Andere waren imstande, durch bloße Konzentration Metalle zu biegen. Es war eine Welt gottgleicher Wesen, die mit Engeln sprachen und in Ufos durchs All gereist waren.«

Tobias M. Kurfer, Jahrgang 1975, hat Publizistik studiert und arbeitet als freier Journalist in Berlin.

Weitere Informationen, auch zu E-Book-Ausgaben, finden Sie bei www.fischerverlage.de

TOBIAS KURFER

Unter Gurus
Ein Trip in die Welt der Esoterik

FISCHER Taschenbuch

Originalausgabe
Erschienen bei FISCHER Taschenbuch
Frankfurt am Main, Oktober 2014

© S. Fischer Verlag GmbH, Frankfurt am Main 2014
Satz: pagina GmbH, Tübingen
Druck und Bindung: CPI books GmbH, Leck
Printed in Germany
ISBN 978-3-596-19503-9

Inhalt

I.
Einleitung

Anfang Februar 2012 ließ ich meine Welt hinter mir und betrat ein Paralleluniversum. Die abgegriffene Metapher sehe man mir nach, aber es ist ein treffendes Bild, und ich verwende es in voller Absicht. Denn der Kosmos, von dem ich rede, glich zwar jenem, aus dem ich stamme, nur dass hier die Gesetze der Physik aufgehoben zu sein schienen. Denn die Bewohner jener fremden Welt reisten durch die Zeit. Sie ernährten sich von Licht. Und manche konnten mit der Kraft ihrer Gedanken heilen. Andere waren imstande, durch bloße Konzentration Metalle zu biegen. Es war eine Welt gottgleicher Wesen, die mit Engeln sprachen und in Ufos durchs All gereist waren.

Wie ich dorthin gelangt war? Ich hatte bloß ein Berliner Kongresszentrum betreten, eine klotzige alte Villa, an der Fahnen im Wind knallten und aus der einem der Geruch von Sandelholz entgegenschlug. War eine Wendeltreppe emporgestiegen und in der ersten Etage in einen Lichthof gegangen, dem Klang von Panflöten und Urwaldlauten entgegen – und war dort: auf der Esoterik-Messe Berlin.[1]

---

1 Übrigens eines von circa 20 solchen Wurmlöchern, die sich alljährlich in Deutschland pünktlich zu festen Terminen auftun.

Und wie ich so umherlief in dieser phantastischen Welt – vorbei an einem Mann, der Botschaften Gottes mit Aquarellfarben auf Leinwände pinselte, vorbei an jener Frau, die ein Polaroidfoto ihrer Erleuchtung besaß –, da stellten sich noch weitere Unterschiede heraus. Offenbar waren diese Menschen geniale Erfinder. Sie hatten etwas entwickelt, das sie »Aura-Chirurgie« nannten und das so wirksam war wie gewohnte OPs, aber unblutig und völlig schonend; ich hörte sie von etwas reden, das »Nullpunkt-Feld« hieß und die Energieprobleme der Zukunft lösen würde, und sie besaßen kleine Metallkarten, die den Spritverbrauch von Autos senken konnten und zugleich Migräne kurieren.

Aber mir entging auch nicht, dass ihre Welt bedroht war. Es fanden »Mikrowellenkriege« statt, die vom Weltall aus geführt wurden. Es gab Gifte und dunkle Schwingungen im Trinkwasser. Und man erklärte mir, dass »ätherische Entitäten« (vulgo: »Dämonen«) danach trachteten, sich ihrer Seelen zu bemächtigen, was unter anderem Depressionen nach sich ziehen konnte oder Schlafstörungen.

Doch will ich hier betonen, dass ich die Messe nicht zu meinem Privatvergnügen aufgesucht hatte. Es war der Beginn einer einjährigen Recherche,[2] in deren Verlauf ich eine Reihe noch ganz anderer Sonderbarkeiten dieses Universums entdecken und selbst ein Teil davon werden würde: Ich würde einen Saft aus Gras trinken, ich würde einen Baum umarmen und meine »innere Göttin« tanzen.

---

2 Ein Jahr netto. Der tatsächliche Recherchezeitraum reichte von Januar 2012 bis Februar 2014.

Ich würde ihre Gurus treffen und ihren Zukunftskundigen bei der Arbeit zusehen. Ich würde *Om!* singen, eine ihrer heiligen Silben. Mein Verlag hatte den Vorschlag dazu gemacht – und ich ließ mich nicht lange bitten. So eine Welt wollte entdeckt werden.

***

Kurz nachdem mir der Verlag den Auftrag erteilt und den Vorschuss überwiesen hatte, dafür, dass ich mich in die Welt der Esoterik stürzen würde, sah ich mich mit einem Problem konfrontiert, mit dem ich so nicht gerechnet hatte. Denn die Frage, was Esoterik ist – und was nicht –, erwies sich als kompliziert.

Nicht nur stellte sich heraus, dass meine eigenen Vorstellungen nicht mit den Vorstellungen anderer übereinstimmten – es gab offenbar ziemlich viele davon. Sah man sich etwa an, was Religionshistoriker und Kulturwissenschaftler sagten, stieß man immer wieder auf Unvereinbarkeiten.

Dasselbe bei Normalsterblichen: Ein Freund etwa war der Meinung, Yoga sei ja wohl »voll eso«, wogegen eine Freundin, die Yoga machte, das gar nicht so sah. Nicht mal Esoteriker selbst waren sich bei der einschlägigen Frage einig.

Die Gründe für den Zwist sind vielfältig. Die Begriffsgeschichte spielt eine gewisse Rolle, denn die Bedeutung des Wortes »Esoterik« hat sich im Laufe der Zeit sehr gewandelt, und heute stehen sich verschiedene Bedeutungen gegenüber. Dazu kommt: Esoterik vereinigt eine riesige Menge an Praktiken und Lehren, die teilweise nur schwer unter einen Hut zu bringen sind. Und schließlich ist das Gebiet so ausufernd weit, dass es schwerfällt, Grenzen zu ziehen.

Ich habe lang überlegt, wie tief ich auf diese Diskussion eingehen will, und mich dafür entschieden, es in dieser Einleitung mit einer kurzen Definition bewenden zu lassen, auf die sich die meisten Fachleute wenigstens im Kern geeinigt haben.

Hier also in gebotener Kürze, worum es in diesem Buch gehen wird.

Der Begriff **Esoterik** (griech.: esos »innerlich«, »dem inneren Bereich zugehörig«) hat drei Bedeutungen.

Gemeint ist erstens eine Reihe von philosophischen Lehren, die einst einem »inneren« Kreis, also einer Gruppe Eingeweihter, vorbehalten war. Dazu zählen die Alchemie, die Kabbalistik,[3] die Hermetik und die Gnosis; aber auch die Lehren des britischen Satanisten Aleister Crowley (1875–1957) oder der 1875 gegründeten Theosophischen Gesellschaft gehören dazu. (Was sich hinter diesen Wörtern verbirgt, werden wir zum Teil besprechen.)

Esoterik meint zweitens einen spirituellen Erkenntnisweg. Ziel dieses Weges ist ein höheres, »absolutes« Wissen (»Ur-Wissen«), also: die letzten Wahrheiten des Seins.

---

3 Eine mystische Tradition des Judentums. Tatsächlich entspringen allen drei großen monotheistischen Religionen auch esoterische Strömungen. Für einige kirchenferne Autoren ist gar etwa das Abendmahl nichts anderes als ein esoterisch-magisches Ritual. Was wieder andere, kirchennahe Forscher beim bestem Willen und trotz schonungsloser Überprüfung der Sachlage nicht feststellen konnten. Unstrittig ist die Angelegenheit bei der *christlichen* Mystik, dem *islamischen* Sufismus und eben der *jüdischen* Kabbala.

Die dritte Bedeutung ist relativ neu. Demnach ist Esoterik ein Containerbegriff für eine verwirrende Menge an Praktiken – etwa Astrologie, Magie, Reiki, Spiritismus, Pendeln, Wahrsagen und Yoga (!)[4] –, zahlreichen weltanschaulichen und spirituellen Überlieferungen, bestimmten Formen der Alternativmedizin und vieles andere mehr. Ein gängiger Alternativbegriff für diesen Container ist übrigens »Gebrauchsesoterik«.

Die Esoterik, der ich mich als Versuchskaninchen hingegeben, in die ich als Reporter meine Nase gesteckt habe, die Esoterik, von der also dieses Buch handelt, ist vor allem diese Gebrauchsesoterik.

(Allerdings habe ich die Reporternase auch in Randbereiche gesteckt. Mich herumgetrieben, wo sich das Milieu herumtreibt, zum Beispiel auf der Berliner Rohkostmesse »Rohvolution« und bei den Hare Krishnas. Letztere sind eigentlich eine neureligiöse Bewegung, aber hier wie dort war die Dichte an Hellsichtigen und Auraauskennern wie zu erwarten groß.)[5]

Um eine gewisse Abwechslung zu erzeugen, werde ich hier öfter auch den Begriff **Okkultismus** (lat.: occultum, »das Verborgene«) benutzen. Das ist jedoch nicht nur eine sti-

---

4 Der traditionelle Yoga kann tatsächlich zur Esoterik gezählt werden, wir kommen noch darauf.

5 Worum es hier allerdings nicht gehen wird, ist der für Dezember 2012 vorausgesagte Weltuntergang. Zwar gab es 2012 durchaus Seminare mit Titeln wie »Weltuntergang – was nun?«. Doch eigentlich war das mehr ein Medienthema, und die angebliche Maya-Prophezeiung spielte in der Szene eine viel kleinere Rolle, als man annehmen mag.

listische Entscheidung, das Wort meint dasselbe wie Esoterik. Auch Okkultismus ist ein Sammelbegriff für Magie, Astrologie, Spiritismus usw. (Der Begriff ist lediglich aus der Mode gekommen, denn er hat einen unguten Ruch: von finsteren Medien, Satansmessen und schwarzer Magie.)

Total angesagt dagegen ist heute das Wort **Spiritualität** (lat.: spiritus »Geist«, »Hauch« bzw. spiro »ich atme«). Seit den 60er Jahren wird es von Esoterikern als Synonym für die Gebrauchsesoterik verwendet, und auch ich werde das hier tun. Eigentlich ist das nicht ganz korrekt, denn Spiritualität bedeutet Geistigkeit und meint eine geistliche beziehungsweise religiöse Lebensweise. Früher wurde mit Spiritualität einfach »Frömmigkeit« bezeichnet – was unter Esoterikern (als Lebensmotto quasi) nicht sonderlich hoch angesehen war und ist und daher vergessen wurde. Esoteriker selbst verstehen unter dem Begriff meist Praktiken, deren Ziel die Verbindung mit Gott, dem Kosmos oder der Unendlichkeit ist.

Dass Esoterik ein Milliardengeschäft ist, kann man in jedem Artikel zum Thema lesen. Über den tatsächlichen Umfang des Marktes gibt es jedoch nur grobe Schätzungen. Der Heidelberger Trendforscher Eike Wenzel geht davon aus, dass die Branche 2010 in Deutschland 17 Milliarden Euro umgesetzt hat. 2011 bezifferte sich der Gesamterlös demnach auf 25 Milliarden Euro. Für den deutschsprachigen Buchmarkt wird allgemein angenommen, dass derzeit ein Fünftel aller Neuerscheinungen esoterische Titel sind[6] – und die Entwicklungen deuten auch weiter auf Wachstum der Goldrausch-Kategorie.

Hauptkonsumenten von Esoterika sind übrigens weiblich und 40 plus. Experten gehen davon aus, dass sie 70 Prozent der Klientel ausmachen. Esoterik sei, sagen scharfe (männliche) Kritiker, eine »Frauenkrankheit«.

Und diese »Frauenkrankheit« hat sich mitterweile geradezu pandemisch ausgebreitet: Waren esoterische Praktiken noch in den 1980ern das Steckenpferd einer Gruppe weniger Alternativer und »Sonderlinge«, zählt man heute 10 bis 15 Prozent der deutschen Bevölkerung zu den sogenannten spirituellen Sinnsuchern. Eine Folge ist, dass Gebrauchsesoterik längst auch zu einem bedeutsamen gesellschaftlichen Phänomen herangewachsen ist. Was unter anderem eine Gewöhnung an esoterische Praktiken und Ideen auf breiter Basis mit sich brachte. Wörter wie Ganzheitlichkeit, (Neue) Spiritualität oder Chi haben für viele Menschen ihren esoterischen Klang verloren; Bachblütentherapie und Energiemassagen kommen so manchem schon gar nicht mehr »esoterisch« vor. Und nicht wenige, die sich beim anthroposophischen Arzt einen »Stau der

---

6 Zu meinen Mitbewerbern um die Gunst der Leser – ich gehe mal schwer davon aus, dass dieses Buch im einschlägigen Regal landet –, zur Konkurrenz zählen in der Sparte unter anderem der »Wünsch Dich Schlank Kalender« oder die »Praxis des Voodoo-Zaubers«, ein Ratgeber, der in Schritt-für-Schritt-Anleitungen unter anderem erklärt, wie Sie mit etwas Hühnerblut, Ton, ein paar scharfen Stahlnadeln und einem kleinen Sperrholzsarg Ihre Feinde unschädlich machen können, gemütlich von zu Hause aus und ohne lästige Spuren zu hinterlassen. Aber auch das »brisante Them[a] […] Zombifizierung« wird ausführlich behandelt.

Lebenskräfte im ätherischen Leib« diagnostizieren lassen und dabei an alles Mögliche denken, bloß nicht an Esoterik. Kritiker sprechen angesichts dessen bereits von einer »Esoterisierung der Gesellschaft«[7].

Dazu kommt seit einiger Zeit eine Art (urbane) Esoterikmode: Überwiegend Frauen im Alter von 30 bis 40, meist höher gebildet, besser verdienend, suchen in esoterischen Angeboten Entspannung und »spirituelle Selbstverwirklichung«. (Wofür allen voran eben Yoga steht.) Man kann den Eindruck gewinnen, dass sich das ausweitet.

Dies soll als Hintergrund vorerst reichen. Was Esoterik *auch* noch ist, wird im weiteren Verlauf, hoffe ich, deutlich werden.

---

7 Etwa Matthias Pöhlmann in »Esoterik« (EZW, »Materialdienst«, 2011). Die Evangelische Zentralstelle für Weltanschauungsfragen (EZW) ist so etwas wie die offizielle Sektenberatungsstelle der deutschen Protestanten.

II.
Indische Eröffnung

1. Yoga-Festival

Jedes Jahr im Juni biegt sich der Berliner Stadtteil Kladow ins Nirwana. Denn dann findet in dem grünen Bezirk *das* Esoterik-Highlight der Sommersaison statt, genannt Yoga-Festival Berlin. Europas größtes und laut Pressemitteilung »schönstes« Event seiner Art lockt alljährlich ein paar tausend Menschen aus aller Welt an. Die Besucher sind von weitem kenntlich an ihren eingerollten Übungsmatten und von nahem an einem frischen, ausgeschlafenen Glanz in den Augen.

2012, zur achten Auflage des Festivals, war es den Veranstaltern gelungen, einige der besten Yogalehrer der Welt für Seminare zu gewinnen, dies verkündete einige Wochen zuvor der besagte Waschzettel.[8] Der Artikel schwärmt von einer »handverlesenen Auswahl«. Höhepunkte der Veranstaltung: Gongmeditation, ein Seminar in der »Wissenschaft von der Befreiung« (Vedanta), Hormonyoga und Rückenyoga sowie jener Workshop, wo ein heilendes Mantra[9] zu

---

8 Medienjargon für PR-Text.

9 Als Mantra (dt. »Spruch«, »Lied« oder »Hymne«) bezeichnet man eine Silbe oder ein Wort, dem magische beziehungsweise erlösende

lernen sein würde. Kurz und gut: Bei Sitar-Musik und frischer Luft galt es, tiefgehende spirituelle Erfahrungen zu machen.

Es ist der 15. Juni, Tag zwei des Festivals, 8.00 Uhr, und ich sitze in der oberen Etage eines Doppeldeckerbusses der BVG und gucke etwas bedrückt aus dem Fenster. Der Grund ist weniger die ungewohnte Uhrzeit, vielmehr sind es die Umstände meiner Anreise, welche mir die Stimmung verhageln, denn der Bus rast über eine Ausfallstraße – als gäbe es kein Morgen, brettern wir gen Kladow. Und für uns Passagiere hier drin heißt das, wir werden hin und her geschleudert, wie in einer Jolle bei schwerer See. Geht es über einen Bodenwelle, rumst die halbe Besatzung in ihre Sitze, lehnt sich der Bus in die Kurve, wird auf den Stehplätzen in der unteren Etage hilflos mit den Armen gerudert und panisch nach irgendeinem Griff geangelt. Unser Fahrer, ein grimmiger alter Typ mit Honecker-Brille, stiert dabei verbissen nach vorn. (Persönlich glaube ich, der Grund für die Hetzjagd ist, dass er Fahrgäste hasst, und uns Hippie-Fahrgäste hasst er doppelt und dreifach. Denn ich habe noch nie so einen grimmigen ÖPNV-Mitarbeiter erlebt.) Mit mir an Bord der ruckelnden Mörderfahrt befindet sich eine Gruppe in weiße Tuchgewänder gehüllter Senioren, denen die Saris um ihre drahtigen Körper flattern; ferner: drei Frauen, Mitte 30, Typ *working mum*, die es fertigbringen, in Schlabber-Trainingsoutfits und durchgerüttelt umwerfend und erfolgreich zugleich auszusehen.

Kraft zugeschrieben wird. Mantren werden als Klangformeln bei bestimmten Meditationen fortwährend wiederholt.

16

Neben mir: ein fakirhafter Franzose mit albernem Haardutt und arrogantem Blick.

Es ist 8.20 Uhr, als der Bus rumpelnd hält. Die Türhydraulik gibt ein leises *Tschhh* von sich, und unser Fahrer bellt »Neukladower Allee« in sein Mikrophon. Wir steigen aus. Und während der Bus über eine Bodenwelle in den nahe gelegenen Wald donnert, schlurfen wir zur Eingangspforte hin, wo sich bereits eine Menschentraube gebildet hat.

Den Erfolg des Yoga im Westen sensationell zu nennen ist gewiss keine Übertreibung. Allein in Deutschland sollen fünf Millionen Menschen der indischen Gymnastik frönen, nach Schätzungen setzt die Branche hierzulande jährlich 500 Millionen Euro um. Dabei ist Yoga ursprünglich alles andere als breitensporttauglich, ja, Yoga ist eigentlich noch nicht einmal Sport. Er ist eine religiöse/esoterische Praktik.[10] Ihr Ziel: die Erlösung aus dem leidvollen Kreis der Wiedergeburten.[11] (Wozu neben den bekannten Körperübungen und der Meditation das Studium der heiligen Schriften, ein Leben in strikter Askese und Keuschheit gehören.) Die meisten der heute im Westen populären Varianten (Hatha, Bikram, Kriya, Ashtanga) fordern derlei bekanntlich nicht ab. Man könnte sagen, dem Yoga erging es

---

10 Unter anderem sollen bei dem Strecken und Beugen feinstoffliche Energien fließen. Was typisch ist für esoterische Lehren.

11 So lehrt es etwa Krishna in der Bhagavad Gita, eine der zentralen heiligen Schriften der Hindus. Der religiöse Ursprung des Yoga ist beispielsweise auch bei der berühmten Aufwärmtechnik Sonnengruß (Surya Namaskar) zu erkennen, denn es handelt sich dabei eigentlich um ein Sonnengebet: Der Übende verbeugt sich vor Sonnengott Surya.

wie einem anderen großen Exportschlager aus Indien, dem Curry: Die Sache wurde für das Westpublikum ordentlich entschärft.

Diese Verweltlichung des Yoga führte dazu, dass unter dem entsprechenden Label Neuvarianten entstanden, die auf die speziellen Bedürfnisse moderner Zielgruppen zugeschnitten sind: Strapazierte Bildschirmarbeiter machen Augenyoga, überspannte Leistungsträger erfahren Befreiung und Erlösung im »Lachyoga für das individuelle Stressmanagement«. Sportive Naturen betätigen sich in einem der zahlreichen Amalgame aus der alten indischen Meditationstechnik und (Fun-)Sport, etwa: Surf-Yoga, Yoga-Walking oder Yogalates (ein Kofferwort aus Yoga und Pilates). Die Damenwelt trifft sich beim Bikini Ready Yoga (dem Yoga für die Strandfigur) oder beim Buti Yoga, bei dem das Gesäß (englisch: *butt*) der Dreh- und Angelpunkt des Trainings ist. Es gibt – für künstlerisch Interessierte – Ballett-Yoga. Exzentriker treffen sich beim Schlangen-Yoga (mit Schlange) und Hundebesitzer beim Doga: Yoga für den Vierbeiner. (Doga ist definitiv ein Quell der Heiterkeit. Nicht zuletzt, weil das, was dort passiert, offenbar nur den Fiffis irgendwie eigenartig vorkommt. Jedenfalls haben die armen Tiere diesen verwirrten Hundefriseurblick, während Frauchen sie in die jeweilige Position drückt und zerrt.) Kurz und gut: Yoga ist heute für alle da, und es gibt keinen Grund mehr, sich der zeitgemäßen Form der Gesunderhaltung zu verweigern. (Die verbliebenen Unbelehrbaren mögen zu Büchern greifen wie »Yoga für Skeptiker« oder »Yoga für Unbewegliche«.)

Und doch haben sich bei alldem in West und Ost traditionellere Richtungen erhalten, und in gar nicht so wenigen Studios wird das Spirituelle und Esoterische des Yoga gepflegt. Wer dort Hechelatmung betreibt, sich beugt und streckt, ist auf mystische Erfahrungen aus, für die der Yoga auch steht und die ja eigentlich sein höchstes Ziel sind.

8.25 Uhr: Am Ticketschalter dauert es ziemlich lange, bis man dran ist; und einige verhalten sich wie früher beim Sommerschlussverkauf-Gerangel: absolut unwürdiges Gedränge. Nach 20 Minuten tritt man mit hochrotem Kopf aufs Gelände.

Mit Sonnenschein und lauem Lüftchen ist das Wetter übrigens wie bestellt, und es geht auf einem abschüssigen Weg hinunter zum Fluss. Vor mir laufen: ein hoch aufgeschossener Typ mit Dreadlocks, die fast so lang sind wie er selbst, sowie einige Fitnessjünger im Sportdress. Wir kommen an weiten Wiesen vorbei, die in langgezogenen Wellen ansteigen; es geht durch ein Laubwäldchen, wo es anheimelnd im Unterholz knackt.

Diverse Leute kommen uns entgegen. Darunter sind zwei purpur gewandete Männer: echte Gurus. Sie haben vogelnestartige Bärte und einen roten Farbpunkt auf der Stirn (das sogenannte Bindi). Die Männer schreiten dahin mit der trägen Gelassenheit heiliger Kühe. Seit zwei Minuten weht Sitar-Musik heran.

Um 8.35 Uhr erreichen wir den zentralen Festivalplatz. Ein quirliger Ort. Mit Fitnessfreunden, Ökos, Normalo-Müttern und Alt-Hippies ist er bunt bevölkert. Die Fitnessfreunde sind allerdings der beherrschende Typus. Rings um den Platz ist ein Markt mit Verkaufsständen errichtet worden, wo es Yoga-Matten, Heilsteine und Klangschalen gibt – zu Preisen, die nur ein Scherz sein können. Auf der kleinen Fressmeile (Ostseite) gehen indische vegetarische Gerichte über die Theke. Ich bin mit Linda verabredet, einer Freundin, die Yoga schon von Kindesbeinen an praktiziert hat und mir bei der Auswahl der Kurse behilflich sein wird. Bis zu unserer Verabredung ist noch etwas Zeit, also begebe ich mich erst einmal allein auf Exkursion durch das Areal.

Wie soll ich Ihnen die Stimmung auf dem Festivalgelände beschreiben? Vielleicht trifft es: eine Mischung aus Kirchentagszeltlager und Open-Air-Rockfestival, aber wie im Wellnessressort betont relaxed.[12] Es wird gecampt, aus einem Festzelt klingt indisch angehauchte Live-Musik, zu der etwa hundert Festivalbesucher mitklatschen; eine fünfköpfige Gruppe Männer und Frauen mit geschorenen Schädeln entspannt sich am Flussufer bei Meditation. Auf einer größeren Wiese eine weitere Hundertschaft gertenschlanker Frauen und ein paar Männer, die soeben einen augenscheinlich nicht ganz leichten Einbeinstand üben. Der Trainer gibt dazu über Mikro und Lautsprecher Anweisungen in »Du«-Ansprache: »Jetzt versinke ganz.« Die große Hauptwiese ist im vorderen Fünftel mit vielleicht 500 Yoga-Matten bedeckt, auf denen der Mob soeben synchron einen Katzenbuckel macht.

9.05 Uhr: Linda und ich haben uns an einem Ausläufer des Markts getroffen. Meine Freundin kommt eben

---

12 Wenn auch nichts hindeutet auf die typischen dosenbierbenebelten Exzesse, schaumig, sektprickelnde Whirlpool-Orgien oder jene Massenausschweifungen, die Szenekenner mit der Losung umschreiben: *Ora et deflora.*

von ihrem ersten Seminar und ist regelrecht elektrisiert. »Suuuperlehrer«, sagt sie und formt mit den Fingern so ein Gourmet-»O«. Sie hat mir einen eng getakteten Tagesplan zusammengestellt. Mit anderen Worten, es gilt, keine Zeit zu verlieren. Gleich werde ich mich zum ersten Mal im Leben im Yoga versuchen.

Als wir auf der Wiese ankommen, hat das Stretchen und Lockern bereits begonnen. Wir suchen eilig freie Plätze, entrollen unsere Trainingsmatten und steigen ein.

Es ist jetzt 10.30 Uhr, das Seminar ist zu Ende, und ich hocke erschöpft am Rand der Wiese, während mir der Schweiß in dicken Tropfen von der Stirn fällt. Ich halte mich für einigermaßen sportlich, aber es war ein Fortgeschrittenen-Kurs.

Also machen wir es kurz: Was soll ich Ihnen berichten? Wie ich den yogischen Kopfstand, den »König der Asanas«, probiere und mit Ach und Krach einen Schiefen Turm von Pisa hinbekomme? Oder vielleicht lieber, wie ich aus jener unmöglichen Position, die da *Kakasana* heißt, auf die Nase falle? Buchstäblich. Und mehr als einmal. Oder wie es ist, zu fiepen, weil man sich mit einem Ruck sämtliche Sehnen in beiden Beinen überdehnt hat? Wenigstens waren die Mitschüler so freundlich, auf Spottgehabe zu verzichten.

(Weil ich vorhin von »relaxed« sprach: Im Kurs und im weiteren Verlauf des Tages bekomme ich den Eindruck, dass es sich bei einem gewissen, und nicht allzu kleinen Teil der Besucher um reichlich unrelaxte Zeitgenossen handelt. Die Art, wie hier trainiert, wie nach Gesundheit und Erholung gesucht wird, scheint mir jedenfalls eher verbissen als gelassen. Frei nach dem Song des Liedermachers Peter-Licht: »Wettentspannen«. Aber das nur am Rande.)

Um 10.40 Uhr ist Power-Yoga, und meine Performance gestaltet sich, offen gesagt, keinen Deut besser. Power-Yoga ist laut einem Anbieter »der herausfordernde Ganzkörper-Workout für Gesundheitsbewusste«. Überspringen wir das. Im Anschluss hocken wir in einem verfallenen Hausgerippe ohne Fenster und Türen und hören einen Tantra-Vortrag, bei dem ich aber leider einschlafe.

Bestens erholt, singe ich im Anschluss mit Linda und 200 Yogis Mantren. Die heitere Sause (mit Tanz und Ringelreihen) steigt im großen Festzelt und wird musikalisch begleitet von Lagerfeuergitarren-Geschrabbel. Das alles weckt bei mir Erinnerungen an die Pfarrfreizeit mit ihren Jesus-ist-dein-Kumpel-Songs, nur dass die Ministranten wie im Musical *Hair* tanzen und zum Teil auch wie die *Hair*-Darsteller aussehen.

13.30 Uhr: Pause bei übrigens exzellentem Essen, das wir gierig in uns hineinstopfen. Nach 20 Minuten bin ich noch mal auf der Fressmeile zurück, Getränke besorgen. Es gibt Grüntee, Chai – und Gojisaft. Goji ist die ultimative Superfrucht mit dem großen Nährstoffprofil. Habe ich mal irgendwo gelesen. Die rote Beere soll die »innere Zufriedenheit« steigern und allen erdenklichen Hardcorekrankheiten vorbeugen. Wie das? Dadurch, dass sie entschlackt.

Dies gibt uns Grund für einen kleinen Einschub, denn es ist ein prima Beispiel für die Panik und das Gewese, die um das Thema gesunde Ernährung in der Esoterik gemacht werden. (Kleiner Vorgriff auf Kapitel VI.)

Denn Schlacke ist das Cholesterin des Esoterikers. Genauso angstbesetzt wie die in Butter, Ei und anderen leckeren Sachen lauernde Kohlenstoffverbindung mit der Schreckensformel $C_{27}H_{46}O$ ist sie jedenfalls. Der Grund ist, bei Schlacke handelt es sich um einen widerlichen *und* gefährlichen Mix aus schädlichen Stoffwechselprodukten und den Giften, die angeblich in der Nahrung lauern, dazu angetan, Gesundheit und Leben zu bedrohen.

Verwandt mit Schlacke ist Schleim. Laut Traditioneller Chinesischer Medizin ist auch er ein bösartiger Glibber. Denn Schleim (der TCM-Schleim) verklebt Venen, verstopft Organe und blockiert Gelenke. Aus schulmedizinischer Sicht gibt es im menschlichen Körper zwar weder das eine noch das andere, doch Esoteriker beruhigt das nicht. Und statt durch den Verzehr »erfrorener Tiefkühlkost«, »Spritzobsts« und »Mikrowellenfraßes« sehenden Auges der »totalen Verschleimung« entgegenzusteuern, setzt man auf ausgeklügelte Diäten.[13] Das mindeste aber ist der Totalverzicht auf Brot und raffinierten Zucker (zwei absolute »Killer«).

Wie auch immer, ich besorgte mir jedenfalls einen Becher Goji.

Mit einem Viertelliter des schäumenden Gesöffs – das sich übrigens als ganz lecker erweist – lasse mich auf einer Bierbank nieder, bei Ariane und Elisa. Linda ist gerade unpässlich.

Elisa und Ariane sind ein Pärchen aus Freiburg und mal rein gar nicht die typischen Festivalbesucher. Die

---

[13] Eine solche Diät ist die »Schleimfreie Heilkost«, die auf den Hungerkünstler Arnold Ehret (1866–1922) zurückgeht. Ehret sah in dem *mucus* eine von zwei möglichen Ursachen von Krankheit. Die andere war Gottlosigkeit.

kleine Elisa hat die Statur und die roten Pausbacken eines Bergbauernjungen. Sie erweist sich als echte Frohnatur, lässt aber jene aufdringliche Art vermissen, die man bei solchen Charakteren oft erleben kann. Ich mag sie sofort. Ariane indes ist etwas spröde; eine fahle, dürre Erscheinung, und sie wirkt eher konserviert als gesund. Außerdem irgendwie andauernd besorgt. Auf ihre ganz eigene Art ist sie aber nicht unsympathisch. Gut, wir reden also über das Goji-Zeug und kommen auf das Thema Ernährung allgemein.

(Rückblickend war es etwas arglos von mir, ja ziemlich blauäugig, mich in diesem Zusammenhang als Fleischesser zu outen.)

Denn ich habe es soeben ausgesprochen, da zerknackt in Arianes Hand die Einwegholzgabel. Dies während zugleich größere Mengen Bluts in ihren Gesichtsbereich einschießen. Wirklich, die Frau glüht. Folgt ihr schon fast aggressiver »Rat«, spezielle Yoga-Übungen anzufangen. Deren Namen habe ich vergessen, aber Ariane sagt, sie würden die »negativen Erinnerungen« aus meinen Zellen löschen, welche sich dort angesammelt hätten – durch den Verzehr *toter Tiere*. (Mir fehlen die Begriffe, um zu beschreiben, wie viel Ekel in diesen zwei Wörtern mitschwingt.) Ich sitze da, lächle beschwichtigend und hoffe auf Lindas baldige Rückkehr vom stillen Örtchen.

Um 14.30 Uhr liege ich mit einer Handvoll Leuten wie hingestreut im plattgeturnten Gras der großen Wiese. Um uns herum hat sich ein Kreis von hundert Yogis gebildet. Frauen und Männer auf Knien, sie haben die Arme zum Himmel gestreckt, ihre Köpfe liegen weit im Nacken. Die

Mit-Yogis zapfen kosmische Kräfte an und schicken sie auf uns nieder.

Natürlich, es ist ziemlich entspannend, so dazuliegen: Die Sonne schmeichelt mir die Nase, die Halme kitzeln meine Zehen, und der Himmel brennt in kräftigem *Oral-B*-Blau. Und doch hat die Szenerie Schlagseite.

Es war sofort zu spüren: Als unser Kursleiter in sein Headset sagte,

»So Leute, wer gesundheitliche Probleme hat, darf liegen bleiben …«,

da hatte sich Stimmung in der Gruppe bezogen. Eine eigenartige Stille machte sich breit. Und wer mit mir liegen blieb, im Kreis der Gesunden und Topfitten, tat es zögerlich und beinah verschämt.

Nach der Heilenergie-Session hocke ich noch eine Weile in der Wiese und mache grüblerische Notizen. Doch nicht lange, ich bin tatsächlich ziemlich erholt.

Was dann geschah, hat mir länger zu denken gegeben.

Es ist bereits späterer Nachmittag, als wir beim Workshop im Kundalini-Yoga auflaufen. Veranstaltungsort ist erneut die große Wiese, wo nun unter einem Gartenparty-Pavillon ein würdiger, weißbärtiger Inder mit Seidenturban sitzt. Zu etwa fünfzig haben die Yogis vor dem Guru Platz genommen und lauschen, wie er mit gemessenen Gesten und auch solchen Worten seinen Vortrag hält.

Kundalini ist der Name einer im indischen *Tantrismus* postulierten Kraft, die am unteren Ende der Wirbelsäule lokalisiert wird, genauer gesagt, in etwa auf Höhe des Damms. Der Punkt heißt auch »Wurzel-Chakra« und ist eines der sieben Haupt-Energiezentren, die beim Yoga eine

Rolle spielen.[14] In der Regel, so die Vorstellung, »ruht« die Kundalini-Kraft, was in den tantrischen Schriften mit einer eingerollten Schlange symbolisiert wird.

Das Ziel des Kundalini-Yoga besteht in ihrer Erweckung. Zu den typischen Techniken gehören Yoga-Körperübungen, das Rezitieren von Mantren und ein spezielles Augen-»Mudra«: Der Schüler schielt auf einen Punkt etwas oberhalb der Nasenwurzel (»Drittes Auge«), was offen gesagt ziemlich lustig aussieht.

Gelingt die Erweckung der Schlangenkraft, sollen »ätherische Energien« fließen; der Adept erfährt spirituelles Wachstum. (Als Nebeneffekte sollen ihm übersinnliche Kräfte zuwachsen. Die Überlieferungen berichten von Kundalini-Yogis, die fliegen oder an mehreren Orten gleichzeitig auftauchen konnten, andere seien hellsichtig geworden.) Durch beharrliches Training soll die Energie im Körper aufsteigen, wobei sie nach und nach die Chakren »durchstößt«. Erreicht sie das höchste, das »Kronen-Chakra«, vereinigt sich die Kundalini mit der kosmischen Seele, und der Mensch erlebt höchstes Glück. Manche Quellen sprechen von »Erleuchtung«. Eine besonders effektive Methode sind nach Ansicht vieler Meister hierzu spezielle Atemtechniken, die sogenannten Pranayamas.

17.22 Uhr: Wir hocken im Schneidersitz und atmen in langen Zügen ein und aus. Folgt die Anweisung unseres

---

14 Chakren dienen nach der gängigen Vorstellung dazu, feinstoffliche bzw. spirituelle Energien aufzunehmen und diese im Körper zu verteilen. Die Hauptchakren stellt man sich auf einer senkrechten Linie im Körperinneren angeordnet vor, beginnend beim Steiß bis hinauf zum Scheitel.

Gurus, uns auf das Körperareal zu konzentrieren, wo die Sonne nicht hinscheint.

17.25 Uhr: Unser Guru sagt, wir sollen das Areal jetzt ballen.

17.27 Uhr: Während wir (1) heftig schnaufen und (2) die vorerwähnte Körperstelle kontraktieren, ruft uns unser Guru zu: *Harder! Faster!*

Der weitere Hergang: Wir saugen Luft »ins« Zwerchfell, gefolgt von »in« den rechten und »in« den linken Lungenflügel, je fünf Minuten. Anschließend schnelles Atmen ins Herz-Chakra, gleiche Länge; dann üben wir eine siebenminütige Tiefenatmung, die man sich wie das Luftholen vor einem ziemlich ambitionierten Tauchgang vorstellen muss; anschließend fünf Minuten Hecheln mit ausgestreckter Zunge. Während wir die Ellenbogen hoch- und runterreißen, als wären es gestutzte Flügelchen, schnaufen wir wieder heftig und so weiter. Das Ganze ist tatsächlich ziemlich anstrengend, und ich muss zeitweise aussetzen, bin aber bei weitem nicht der Einzige.

(Angeblich soll diese sogenannte Feueratmung gut für Herz und Kreislauf sein und die Verdauung anregen. Allerdings heißt es auch, die Kundalini sei eine unberechenbare Kraft, was auf feinstofflicher Ebene passiere, schwer vorherzusagen. Eine Yoga-Lehrerin sagte mir später, es sei deshalb auch nicht lange her, da habe man noch 21 Jahre Hatha-Yoga praktizieren müssen, bevor einen ein Brahmane im Kundalini einweihte.)

Circa 19.00 Uhr: Während ich dies schreibe, stehe ich noch unter dem Eindruck der weiteren Ereignisse aus dem Kundalini-Kurs.

Bei der Pranayama-Routine »Atmen ins Hals-Chakra« war mir ein wenig schwindelig geworden, und so brachte ich die Übung nur mit halber Kraft zu Ende. Ich rutsche etwas zur Seite, um mich kurz auszuklammern. Dabei geschah etwas Eigenartiges.

Denn was ich nun vor mir sah – Grashalme, Wurzelbildungen, einen rotgefleckten Käfer, der kopfüber auf der Unterseite eines Blattes mechanisch ein Bein vor das andere setzte, und im Hintergrund die atmenden Yogis –, das zeigte sich mir auf eine unwirkliche Art scharf, klar und glasig-hell. Beinah transparent. Das Gras zum Beispiel: Als säße man auf Algen. Es ist nicht leicht, diesen Eindruck in Worte zu fassen, aber vielleicht stellen Sie sich vor, Ihre Augen hätten Ihr bisheriges Leben mit der Auflösung von Analogfernsehen gesehen – und jetzt hätte jemand einen *High-Definition*-(HD)-TV-Knopf gedrückt. Dies war in etwa der Eindruck.

Zu dieser bemerkenswerten (und märchenhaft schönen) hyperrealistischen Halluzination trat ein noch eigenartigeres Gefühl: Mir war, als könne ich eine Art tiefere Schicht der Wirklichkeit wahrnehmen.

Stachelrochen sind mit einem faszinierenden elektrischen Sinn ausgestattet. Er ermöglicht es ihnen, bei ihren Jagdzügen den Herzschlag der im Meeresboden verborgenen Beutetiere wahrzunehmen. Sie gleiten einfach über Sand und Seegraswiesen, und der Sinn liefert ihnen ein präzises Bild dessen, was darunterliegt. So fühlte ich mich, denn ich hatte den Eindruck, etwas zu sehen, was meinen Augen sonst verborgen blieb.

Und dann überkam mich eine weitere merkwürdige Empfindung: ein Gefühl von allumfassender Einheit, von einem Verbunden-Sein mit dem Kosmos. Es war, als durchtränke die Welt mein ganzes Wesen und mein Wesen umfasse die Welt.

Rückblickend ist für mich das Eigenartigste aber, dass dieser Zustand nichts in mir auslöst, *nada*. Meine Gefühle waren wie abgestorben. Bei alldem war ich wach geblieben und bei klarem Verstand.

Etwa zehn Minuten musste der Zustand angehalten haben, dann allmählich verebbte er. Der Zustand versiegte wie ein Geräusch von etwas, das sich langsam entfernt. Und ich kam wieder in der Realität des Festivals an.

»Bist du okay?«

Linda stand vor mir. Sie hatte sich zu mir heruntergebeugt und sah mich prüfend und etwas besorgt an. Dass ich die Frage erst nicht richtig verstand, weiß ich noch, und dass sich mit einem Mal eine Art Katergefühl bemerkbar machte.

Wir saßen dann am Flussufer, ich infolge des psychedelischen Trips ein bisschen *high*, Linda von den Übungen tiefenentspannt. Wir saßen lange still da, der Fluss führte träge Wassermassen. Dann sagte Linda:

»Ich denke, ich weiß, was es war.«

Ich brauchte eine Weile, bis ich ein *Mh?* herausbrachte.

»Pranayamas können starke Energien freisetzen …«

Ich sah zum Festzelt, wo getanzt wurde.

»Du weißt, dass es mir wirklich schwerfällt, an diese Dinge zu glauben.«

»Ja, aber ich sehe auch, dass du dich ein bisschen bemühst.«

Diese Frau ist eine wirklich achtsame Person, selbst wenn sie einen aufzieht, fühlt man sich noch wertgeschätzt.

Ich guckte zum Fluss rüber, und Linda berichtete mir, wie sie bei einem zweiwöchigen Goa-Urlaub täglich Kundalini praktiziert hatte. Sie brach den Kurs von einem Tag auf den anderen ab; als sie bei einem romantischen Sonnenuntergangsdinner am Strand mit ihrem Freund bemerkte, dass ihre Gefühle für ihn verblassten. Nach ein paar Tagen ohne Yoga war alles wieder wie zuvor.

Wer den Begriff »Kundalini-Erweckung« in eine Internetsuchmaschine eingibt, wird von eigenartigen Symptomen lesen. Unwillkürliche Bewegungen zählen dazu, Prickeln in den Fußsohlen, Hitzewallungen, Lähmungserscheinungen und Zuckungen, Gefühlsausbrüche und starke sexuelle Empfindungen. Betroffene berichten von »flüssigem Feuer«, das von der Wirbelsäule in den Kopf gezüngelt habe, andere über »innere Lichter und Klänge« oder religiöse Visionen. Auch meine Erfahrungen fand ich beschrieben. Kundalini, so las ich, könne zu einem Gefühl des Einsseins mit dem Kosmos, der Welt oder Gott führen (auch »Ich-Tod« genannt) – zu einer Vorstufe der Erleuchtung. Mit einer gewissen Erleichterung las ich, dass derlei von *wahrer* Erleuchtung aber noch meilenweit entfernt sei. Denn *wahre* Erleuchtung war demnach dauerhaft, ein angenehmer Zustand, und ging mit einer deutlichen Zunahme an Geistesblitzen einher, und davon konnte ich bei mir eigentlich nichts feststellen.

Dennoch: Ich las all dies mit einer Mischung aus Faszination und Bestürzung. War eine psychedelische indische Energie verantwortlich für meinen Trip? Eine Energie, die ja unmöglich existieren konnte?

Wie wir unsere Erfahrungen deuten, hat mit unserem Wissen zu tun, aber auch mit unseren Meinungen, Einstellungen oder allgemein mit unserem Weltbild. Man könnte auch sagen, letztlich rennen wir alle mit ziemlich vielen fertigen Urteilen durchs Leben. Mir war also durchaus bewusst, dass es schwer werden würde, die Sache – sagen wir – wirklich ergebnisoffen anzugehen. Und so fand ich letztlich auch die für mich plausibelste Erklärung für meine Erfahrung in medizinischen Studien über Hyperventilation.

Vereinfacht gesagt, führt Hyperventilation zu Durchblutungsstörungen im Großhirn und einer Untersäuerung des Blutes. Der Grund ist nicht, wie man vielleicht annehmen möchte, Sauerstoffüberschuss, es ist das vermehrte Abatmen von Kohlenstoffdioxyd (CO_2). Denn CO_2 ist nicht bloß eine Art »Abfallgas«, das wir in die Welt pusten, es reguliert den Hirnstoffwechsel auf bedeutsame Weise. Aus Studien weiß man, dass Kohlenstoffdioxyd-Mangel beträchtliche körperliche und seelische Effekte hervorrufen kann. Neben Benommenheit und Ohnmacht sind Herzrasen, Spasmen und Panikattacken mögliche Folgen. Bisweilen kommt es zu »Verzerrungen des Denkens« – zu Halluzinationen. In Einzelfällen treten Zustände auf, die einer Psychose ähneln.

Für mich war die Frage nach der Ursache meiner Erfahrung damit eigentlich beantwortet, doch da war natürlich noch die Seite der Praktizierenden.

Um die andere Sicht der Dinge zu hören, kontaktierte ich mehrere Kundalini-Lehrer und las einschlägige Artikel zum Thema.

Kurz gesagt, die Sache wird kontrovers diskutiert. Zwei

der vier Unterrichtenden, mit denen ich sprach, erklärten, Pranayamas, falsch praktiziert, könnten zu Hyperventilation führen. Sie rieten zur Vorsicht, insbesondere wegen möglicher Ohnmachts- oder Krampfanfälle. Eine Warnung, die man auch in Yoga-Zeitschriften lesen kann. Ein Lehrer winkte rundheraus ab. Der vierte wollte es nicht komplett ausschließen, kannte aber persönlich aus über 20 Jahren Praxis keine Fälle. Alle Lehrer waren der Meinung, Erfahrungen wie die von Medizinern beschriebenen und eine Kundalini-Erweckung seien völlig verschiedene Dinge. Drei sagten, ich hätte eine spontane Kundalini-Erweckung erlebt.

Bei meinen Recherchen hatte ich auch Erfahrungsberichte von Menschen gelesen, die infolge intensiver Kundalini-Yoga-Praxis ernstzunehmende psychische Krisen erlitten hatten, in zwei Fällen behandlungswürdige Psychosen. Darauf angesprochen, erklärten drei Lehrer, solche Krisen könnten auch energetische Ursachen haben. Im Rahmen einer Kundalini-Erfahrung sei ein seelisches Ungleichgewicht aber generell nichts, was man fürchten müsse, im Gegenteil. Negativ empfundene Erfahrungen sollten als »spirituelle Krise« verstanden werden, welche durch Yoga, Meditation und Energiearbeit in produktive Bahnen gelenkt werden und zur spirituellen Entwicklung beitragen könnten.

Ich habe mehrere Versuche unternommen, mit Betroffenen persönlich zu sprechen, doch meine Bemühungen fruchteten nicht. So dass ich hier weiter nichts Erhellendes beitragen kann.

Gleichwohl: Das Thema hatte mich gepackt. Um noch einmal wenigstens einen Fuß ins Nirwana zu bekommen, besuchte ich im Lauf der kommenden Monate insgesamt drei Kundalini-Kurse. Ich streckte mich und beugte mich, und ich schnaufte, was das Zeug hielt. Doch sosehr ich mich auch mühte, am Ende wurde mir immer nur schwindelig. Irgendwann hielt ich es einfach für vernünftiger, die Sache auf sich beruhen zu belassen. Aber ich machte die Erfahrung, wie gut Yoga tun kann. Wenigstens im Ansatz bekam ich eine Ahnung, wovon Linda sprach, wenn sie von ihrem Hobby schwärmte. Yoga, sagt sie, gebe ihr neben dem guten Körpergefühl Gelassenheit und einen inneren Frieden. Und tatsächlich gehört Linda zu den Menschen, die besonders gewappnet scheinen, wenn das Leben sich einmal gegen sie wendet.

19.45 Uhr: Wir sitzen halbwegs wiederhergestellt im Bus und befinden uns auf dem Heimweg. Es geht uns gut, wir haben noch die Sonne in den Knochen. Und während wir gen Heimat rumpeln, meditieren unten am Fluss die Yogis und hören die Worte weiser Männer.

2. Sitar-Konzert

Natürlich gibt es in Hinblick auf das Ziel Erleuchtung auch andere Möglichkeiten. Eine ist spirituelle Musik. Nur dasitzen und lauschen musste man, so las ich, und ihr Klang würde einen sanft hineintragen ins Nirwana. Eine gute Gelegenheit dafür bot sich Ende Juni 2012, als ein indischer Meister auf der Sitar ein »spirituelles Konzert« in einer Kreuzberger Kirche gab. Mich begleitete ein Freund, Björn.

Beginn ist um 19.30 Uhr, jetzt ist es Viertel nach sieben, und der Sakralraum füllt sich allmählich. Männer und Frauen 40 plus treten ein, manche lächeln so fein, als wären sie eben heiliggesprochen worden. Die Frau neben mir auf der Bank z. B., die in einem Programmheft blättert. Es handelt sich um eine Grundschullehrerin, die den Solisten schon zweimal live erlebt hat. Sie sei hier, sagt sie, weil seine Musik die Aura reinige. Dies sei, nebenbei bemerkt, so gut wie jede Medizin. Sie selbst sei seit zwölf Jahren nicht mehr beim Arzt gewesen. Ein Gespräch zwischen zwei Männern (rechts hinter uns) dreht sich um Indien. Der eine der beiden ist offenbar ein alter Indien-Profi, er war nämlich schon fünfmal da und hat allerlei Tipps.[15]

Um 19.45 Uhr hat der Sitarji die Bühne vor dem Altar betreten: ein pausbäckiges Kerlchen mit Schnauzer, circa 50-jährig. Er strahlt eine fröhliche Gelassenheit aus. Auf dem Boden vor dem Altar nimmt der Mann, der einen Männerrock trägt, in einer Art Schneidersitz Platz, wobei er das rechte Bein elegant abstreckt. Anscheinend die typische Spielhaltung. Während die anderen hochangestrengt versuchen, seiner Einführung zu folgen – er spricht ein komplett vernuscheltes Inder-Englisch –, während meine Mithörer ratlose Gesichter bekommen und die Achseln zucken, betrachte ich mir völlig verzückt sein Equipment.

Denn diese Sitar ist ein anrührend schönes Instrument. Mit floralen Schnitzereien hübsch verziert ist sie und

---

15 Indientrips sind im esoterischen Milieu ein absolutes Muss, will man mitreden. Mein Eindruck. Denn Indien bereist zu haben bedeutet, im Gelobten Land gewesen zu sein. Der alte Indien-Hase berichtet von seiner letzten Reise an den Ganges, als sei sie ein persönliches Verdienst.

edel glänzend. Außerdem verfügt sie über Tonabnehmer, was mir besonders gefällt. Das zugehörige Klinkenstecker-Kabel schlängelt sich hinten lustig heraus. Daneben steht eine kleine, elfenbeinfarbene Box: der Verstärker. Auch ihn muss der Betrachter mehr als bloß ansprechend finden, denn er verfügt über eine zeitlose Eleganz, über goldene Drehknöpfe und ebensolche Kippschalter. (Allerdings sind es viele Knöpfe und Kippschalter, was ein hochgezüchtetes Soundeffekt-Innenleben befürchten lässt.)

20.00 Uhr: Der Verdacht hat sich bestätigt. Das Kirchenschiff erfüllt jetzt ein sphärischer Ton wie bei *Raumschiff Orion*. Dazu kommt ein Gewummer und Geklopfe, welches wohl Trommelschläge darstellen soll. Aber gut, vielleicht muss das ja so sein. Der Sitarji stellt den Rhythmus auf die gewünschte Geschwindigkeit (träge) ein. Dann langt er nach dem langhalsigen Instrument und greift in die Saiten. Und wir, seinem Vorschlag folgend, meditieren die Musik.

Hier der weitere Verlauf in der gebotenen Kürze. Während unser Solist mit der Hingabe wahrer Könner zupft, sitzen wir da und bemühen uns, eins zu werden mit den Klängen. Das tun wir eine Weile. Gegen 20.30 Uhr die Feststellung meinerseits, dass sich die ersten drei Stücke doch sehr ähnelten, worauf ich den Verdacht hege, Variation könne generell nicht zu den Kernmerkmalen dieser Musik gehören. Eine Vermutung, die sich gegen 20.45 Uhr auf, sagen wir, inzwischen leicht quälende Weise bestätigt. Die hieraus resultierende Unruhe meiner Begleitung: Björn rutscht auf dem Hintern herum wie ein Sechsjähriger. Nach weiteren zehn Minuten das Aufflammen einer leichten Gereiztheit bei mir selbst, angesichts dieser –

sehen wir den Tatsachen ehrlich ins Auge – *hirnzersetzenden* Monotonie, und die resultierende Unmöglichkeit, dass sich bei so einer Foltermusik Frieden auf einen niedersenken könnte, was ja angekündigt worden war in dem Programmheft. Geschweige denn, dass man sich auf so was »einlassen« möchten. Stelle dann nach 75 Minuten meinerseits Herumrutschen fest. Daraufhin: das klassenzimmerhafte Fläzen des Sitznachbarn und sein Luft-durch-die-Backen-Pusten. Schließlich meine Feststellung einer schon länger währenden Reglosigkeit, um nicht zu sagen Starre am Nebenmann. Björn stiert aus leeren Augen. Offenbar hat etwas in ihm aufgegeben. Und wie ich dann feststelle, inzwischen leicht neben der Spur zu stehen. Und dann, wie ich doch nichts anderes mehr denken kann als bloß die Musik, die in meinem Kopf elektrisch sirrt. Und schließlich: Nichts. Totale Leere. Der reine Klang. (Nicht unangenehm übrigens, wenn der Zustand auch mit dem Yoga-Trip nicht mithalten kann.)

Erst später erschloss sich mir aus Recherchen, dass wir wohl in eine Art leichte Trance gefallen waren.[16]

Bleibt noch zu sagen, dass es langanhaltenden, warmen Applaus gab und dass Björn und ich, statt uns davonzumachen, bleischwer geworden in den Holzbänken hocken blieben. Gemeinsam mit dem Sitarji und dem Publikum

---

16 *Trance* (die; engl.), nach meinem Lexikon definiert als »schlafähnlicher Zustand mit herabgesetzter Willens- und Entscheidungsfähigkeit«, ist, künftige Sektenfürsten aufgemerkt, relativ leicht herzustellen. Man setze den Adepten einfach einem möglichst monotonen Reiz aus, entferne alle Ablenkungsherde und sorge dafür, dass keine Fluchtmöglichkeiten bestehen. Der gewünschte Effekt stellt sich laut Literatur früher oder später ein, garantiert.

sangen wir eine halbe Stunde lang aus voller Kehle *Om!* in den Kirchenraum.

Im Anschluss (ab ca. 22.30 Uhr) sitzen mein Freund und ich bei Cheeseburgern, Pommes frites und *Coke* in einem überfüllten, lärmdröhnenden Imbiss unweit der Kirche. Wir stopfen uns schweigend voll, schlürfen mit den Strohhalmen, und wir fühlen uns dabei zutiefst verbunden mit dem Diesseits.

3. In Ammas Armen

Besuch aus Indien ist für Esoteriker stets ein besonderes Ereignis, denn, wie gesagt, der Subkontinent gilt in der Szene als Gelobtes Land. Umso mehr Grund zur Freude herrscht, wenn ein bekannter indischer Guru vorbeischaut. Doch geradezu ausrasten kann man die Szene sehen, wenn Amma kommt. Denn Amma gilt als »Avatar-Guru« – als eine Art Mensch gewordener Gott. Vom 5. bis 7. Oktober machte die heilige Frau im Berliner Sportpalast Velodrom Station, um, wie üblich, Menschen zu umarmen. Was wie immer zu einem Massenauflauf führte: 15 000 Besucher kamen zu dem Event. Ich war zwei Tage vor Ort.

Freitag, Amma-Tag eins. Es ist 9.15 Uhr, und ich stehe im Foyer des Sportpalastes in der Ticketschlange. Der Auflauf gleicht dem auf einem internationalen Flughafendrehkreuz zur Ferienzeit. Unentwegt ziehen gutgelaunte Leute vorbei, die verschiedene Sprachen sprechen. Vor mir eine kleine Gruppe Sari tragender Männer und Frauen. Sie sprechen sich mit »Du Liebe« und »Du Wertvoller« an und sind, wie sich herausstellt, in der Lage, kleinere Unterhaltungen komplett mit Glückskekssprüchen zu bestreiten.

9.35 Uhr: Das Kärtchen, das mir die Ticketdame in die Hand drückt, trägt die Nummer »ZI«, und laut der Frau bedeutet das mindestens sechs Stunden Wartezeit. Es handelt sich um eine hölzerne Person mit Haar wie Hanfwolle. Ihr zur Seite steht eine andere, die allen, die maulen, gleich noch eine Lektion in Demut verpasst: »Es ist eine Übung in Geduld.«

Zwanzig Minuten später vorn an der Bühne, wo die heilige Frau auf einer Sesselbank sitzt; Amma trägt um den Hals eine Blütenkette nach der Art der Hawaiianer und zeigt ein Lächeln der Güte. Zu ihren Füßen kniet ein Mann, eben ist er hingesunken. Und Amma zieht ihn jetzt sanft an sich und umschlingt ihn mit den Armen; Wange speckt an Wange, und dann beginnt sie ihn an ihrer Brust zu wiegen; zärtlich und routiniert wie eine Amme.

Es ist bereits die fünfte Umarmung, die ich mir angesehen habe: Da waren Leute, die sich mit einem beglückten Lächeln erhoben, ein Grinsen, das einmal um ihr Gesicht herumging; da war eine Frau, die schlingernd davonsteuerte, einem Boxer gleich, der benommen von den Brettern hochkommt; da war jene ältere Dame, die sich mit tränengeröteten Augen erhob und ihren Mund bedeckte. Links vor der Bühne hockt eine 20-köpfige Gruppe Erwachsener und Kinder auf dem Boden. Sie machen die Hälse lang, um einen Blick zu erhaschen von ihrem Guru.

Ich habe mir das angesehen, habe dabei so viele Details wie möglich in mich aufgesogen und notiert und bin mir dennoch meiner Zuschauergefühle nicht klar. Sie wechseln – angesichts der Fremdartigkeit des ganzen Vorgangs, wegen der Unterwürfigkeit mancher Besucher und weil es sich bei den Umarmungen offensichtlich um eine routinierte Massenabfertigung handelt. 20, 25 Sekunden dauert der »Amma-Moment«, auf den manch weitgereister Besucher, wie ich erfahren habe, bis zu zehn Stunden wartet.[17]

11.00 Uhr: Der Saal bietet in der Mitte Platz für an die tausend Stühle. Im Moment sind drei Viertel besetzt. Links neben mir z.B.: ein junger Mann, der vor- und zurückwippt, während seine Lippen den Text aus einem Buch Ammas rezitieren. Das Pärchen ein paar Plätze weiter hat feuchte Augen und kann offenbar den Blick nicht von der Heiligen vorn auf der Bühne lösen. Ich gehe erst mal die Infobroschüre »Ammachis« durch. (Übrigens eine professionell gemachte PR-Schrift, mit tollen Bildern der Heiligen und moderner serifenloser Schrift.)

1953 kommt Amma als Sudhamani Idamannel im Bundesstaat Kerala zur Welt. Der Vater ist ein einfacher Fischer und Angehöriger einer der unteren Kasten, die Familie führt ein entbehrungsreiches Leben.

Als Sudhamani vier Jahre ist, fällt auf, dass es sich um ein ungewöhnliches Kind handelt: Sie wird dabei beobachtet, wie sie stundenlang meditiert. Als ihre Mutter schwer erkrankt – Sudhamani ist neun –, muss das Mädchen ihre Rolle mit übernehmen. Sie besorgt den Haushalt und ist in Teilen für die Erziehung der Geschwister verantwortlich. Erstmals zeigt sich bei ihr eine ungewöhnliche Für-

---

17 Dem Hörensagen nach kommen in Indien bis zu zweihunderttausend Menschen zusammen, um Amma zu ehren und sich herzen zu lassen. Die Umarmung dauere dann zwei bis drei Sekunden.

sorge: Obwohl ihre Familie selbst bettelarm ist, spendet Sudhamani Nahrungsmittel und Kleidung an Bedürftige. Die Eltern bestrafen sie dafür, heißt es in ihrer Biographie. Womöglich weil ihr das mildtätige Geben verunmöglicht wird, fängt Sudhamani im Alter von 14 Jahren an, im großen Stil Fremde zu umarmen. Dieser Geste, ihrer Fürsorge und Nächstenliebe wegen, wird Sudhamani nun häufig »Amma« gerufen (Malayalam für »Mutter«).

Doch auch im Dorf stößt die Wohltäterin nicht nur auf Gegenliebe. Sie wird angefeindet, mit Steinen beworfen und später gar von ihrer Familie verstoßen. Amma hatte sich über das geheiligte Kastensystem hinweggesetzt und Tabus gebrochen, als sie Parias (»Unberührbare«) umarmte. Zugleich verehren sie immer mehr Menschen als Guru; Amma gilt als ungewöhnlich spiritueller Mensch.

Der Legende nach erfährt sie 1975 ihre erste »Bhava«: Amma verschmilzt mit Krishna. Ihre Anhänger geben ihr den Namen Sri Mata Amritananadamayi Devi (dt. etwa: »ehrenwerte Mutter-Göttin, die aus unvergänglicher Freude gemacht ist«).

Selbst ihr Vater betrachtet sie heute als ein Wesen höherer Art – so erklärt er in einem TV-Beitrag des Schweizer Fernsehens (SF1, 2008). In der Sendung wird ein Filmdokument gezeigt, das dokumentiert haben soll, wie die kleine Frau aus Parayakadavu ein Wunder vollbringt. Die alte Aufnahme ist unscharf und weist die Farbartefakte oft kopierten Magnetbandmaterials auf. Und doch erkennt man deutlich, wie die junge Amma das Gesicht eines Mannes leckt, eines Leprakranken angeblich. Es heißt, er sei danach gesundet.

1982 errichten *devotees* ihrer Ammachi zu Ehren einen

Aschram in ihrem Heimatort. Inzwischen ist daraus ein beeindruckender Komplex aus roséfarbenen Hochhäusern geworden, die sich über die Wipfel eines Palmenwaldes erheben, dahinter glitzert der Arabische Ozean. 3000 Verehrer der heiligen Frau leben hier ständig, zusätzlich gibt es reichlich Platz für Übernachtungsgäste.

Ab 1987 geht Amma mit ihren Massen-Hug-ins auf Welttourneen. Sie soll inzwischen 33 Millionen Menschen umarmt haben.[18]

11.20 Uhr: Anscheinend habe ich etwas verpasst, das »Pada Puja« heißt. Gemeint ist die Waschung von Ammas Füßen. Die Frau, die mir davon berichtet, sagt, es würden Milch und Honig verwendet, scheint sich dabei aber nicht ganz sicher zu sein. Der Akt stelle für den Waschenden eine große Ehre dar, erklärt sie. Und während wir noch reden, heißt es vorne: Bühne frei für eine indische Musikgruppe. (Der Beginn eines stundenlangen Unterhaltungsprogramms.) Die Band, bestehend aus Sänger, Trommler und Harmoniumspieler, hat hinter Amma Platz genommen und intoniert das berühmte Hare-Krishna-Mantra.

11.40 Uhr: Erneut vorn an der Bühne. Erst jetzt fällt mir auf, dass mancher auf die Wange geküsst wird, über den Rücken gestreichelt oder über den Hinterkopf, wogegen andere lediglich in die Arme genommen werden. Der Grund für die unterschiedliche Behandlung bleibt unklar.

---

18 Es sei jedoch darauf hingewiesen, dass die Zahl der lebenden Heiligen in Indien eher groß ist. Kenner der Verhältnisse vor Ort fassen die Situation in etwa so zusammen: Unter jedem Baum hockt einer.

12.05 Uhr bis 12.45 Uhr: Rundgang über den Markt, der im Eingangsbereich der Halle errichtet worden ist. Und prompt bekommen diese Veranstaltung hier wie auch ihr Star ein ganz anderes Gesicht.

Denn der bummelnde Markt-Besucher wird sich des Eindrucks nicht erwehren können, dass Ammachi nicht bloß eine Heilige, Göttin und ein weiblicher Guru ist. Amma ist obendrein auch noch eine Marke, ein *brand*. Die Frau besitzt sogar ihr eigenes Logo. Wo man hinblickt, auf T-Shirts, Aufstellern, Plakaten, ist das Markenbild zu sehen: eine Mutter mit Kind im Arm. Die Logo-Amma verfügt über ein rotes übergroßes Herz.[19]

Zweitens werden dem Besucher einige Eigenarten des Marktes nicht entgehen. Beispiel: der vordere Bereich. Hier begrüßt einen ein Sortiment Amma-*gebrandeter* Produkte: Amma-Logo-T-Shirts, Amma-Logo-Sweater, Amma-Bücher, Amma-CDs und Amma-DVDs (mit Gesängen, Vorträgen oder Geschichten für Kinder).

Rechts daneben die Devotionalien-Ecke, wo der Besucher Plastikarmreife erstehen kann »worn by amma« (»von Amma getragen«). Zum Jetzt-zuschlagen-Preis von EUR 10 Euro.[20] Weiter hinten entdeckt man goldene Uhren mit dem Porträt Ammas als Zifferblattmotiv, Plastikamulette

---

19 Das Logo und der Amma-Slogan »Embracing the World« sind registrierte Marken (®). Ein ® oder ™ tragen ferner die Amma-Brands: The Amma Shop, Integrated Amrita Meditation Technique (AIM), Ammachi Publications und Mother's Books and Gifts.

20 Angeblich konnte man bei anderen Amma-Events schon Stücke aus Kissenbezügen erwerben, auf denen die heiligen vier Buchstaben Ammachis geruht haben. Preise habe ich leider nicht herausbekommen.

mit dem Bild ihrer Füße und Ähnliches. Das meiste sieht aus wie gerade aus dem Kaugummiautomaten gezogen. Und natürlich nicht zu vergessen die pausbäckigen Amma-Puppen. Mit abgestreckten Armen wartet die »Amma zum Mitnehmen« dutzendfach darauf, geherzt und käuflich erworben zu werden. Preis je nach Größe: 45 bis 180 Euro, Wechselkleidung schlägt mit 15 Euro zu Buche. (Alles auch zu beziehen im Webshop der Heiligen, wo man außerdem die Jesus-Stoffpuppe mit dem goldigen Wollschnur-Bart erhält. Stückpreis: 20 Euro.)

Schließlich: der Stand, wo Waren aus Ammas eigener Kosmetikproduktlinie Amrita Organics feilgeboten werden. Mit ihm betritt der Besucher eine duftende Welt der politisch korrekten Bio-Körperpflege. Hier: die nachhaltige ayurvedische Kräuterzahncreme, dort: der Lipbalm Vanille, Mint & Rosehip. Oder wie wär's mit der Naturseife? Sie ist für jeden Hauttyp geeignet und erhältlich mit Extrakten der Schafgarbe, der Ringelblume oder der Kaffeebohne. Das ökologisch korrekte Waschstück wirkt »harmonisierend und lässt [einen] den Tag genießen«.

Weitere Einnahmequellen bieten einige Stände mit margenstark bepreister Ethno-Mode, ebensolchem Schmuck und Standard-Esoterik-Equipment (Räucherstäbchenhalter etc.)

Zuletzt sei auf die Infostandzeile hingewiesen, die den Markt seitlich flankiert. Dort kann sich der Event-Gast für Kurse in Ammas Meditationstechnik (AIM) anmelden, Urlaub in ihrem Aschram buchen oder vedische Horoskope erstellen lassen.

Führt man sich die Zeit vor Augen, die es auf diesem Event totzuschlagen gilt, kann es nicht verwundern, dass der Markt gut frequentiert wird. Als Setting für Gewerbetreibende ist so eine Situation (unvermeidliche Langeweile) natürlich ein Traum. Und der zahlt sich auch aus: Eine kleine Belohnung fürs Warten gönnt sich jedenfalls nach meinem Eindruck fast jeder. (Nebenbei bemerkt: Die Klientel ist nicht nur offenbar kaufkräftig, sondern auch noch emotionalisiert. Folglich wird sie nur bedingt sparsam und vernünftig handeln. Der Hit!)

Bei alldem kann ich mich jedenfalls des Eindrucks nicht mehr erwehren, dass hinter dem *Phänomen* Amma ein Art Multikonzern steckt, für den der *Guruji* Amma allem voran das freundliche, Nähe und Zuneigung spendende Markengesicht darstellt. Vergleichbar einem *Kuschelweich*-Teddy mit realem Kuschelfaktor.

Aber vielleicht ist das zu negativ betrachtet. Denn der ganze Kommerz dient anscheinend edlen Zwecken.

Das Geld nämlich, das der Amma-Konzern auf Events wie diesem hier einnimmt – rund 20 Millionen US-Dollar pro Jahr macht Amma nach Angaben eines Sprechers auf diese und andere Weise (Näheres s.u.)[21] –, bezahlt nicht nur Saalmieten, Flugtickets, Kost und Logie für Amma und ihren Hofstaat (es reisen immer so einige Leute mit). Der Mammutteil kommt nach Angaben von Ammas Vertretern karitativen Projekten zugute. Amma steht einem Hilfswerk vor, dem Mata Amritanandamayi Math (MAM) mit Hauptsitz in Amritapuri, ferner dem Projekt Embracing the World. Und mit ihren Einnahmen haben die Organisationen zahlreiche Hilfsprojekte finanziert: Es wurde

---

21 Vgl.: Jake Halpern: »Amma's Multifaceted Empire, Built on Hugs«, in *The New York Times*, 25. Mai 2013

ein Krankenhaus errichtet, das Bedürftige unentgeltlich behandelt, ein Projekt fördert Frauen mit Mikrokrediten, für die Opfer des Tsunamis in Japan von 2011 spendete man eine Million US-Dollar etc., es gibt ein Hungerhilfeprogramm, eines zur Sanierung von Slums und so weiter und so fort. Massenhaft liegen im Velodrom Flyer aus, die über die Charity-Aktivitäten informieren, und ständig rennt man mit dem Knie gegen eine Spendenkiste. Allerdings: Wie solide diese Hilfsorganisationen sind, vermag ich seriös nicht zu beurteilen. Zwar gibt es glaubwürdige Dokumentationen über das mildtätige Tun von MAM und ETW, und ich habe mit Leuten gesprochen, die MAM-Hilfsprojekte mit eigenen Augen gesehen haben. Andererseits berichten ehemalige Anhänger von *The Hugging Saint* von Verfehlungen und Vetternwirtschaft. Die bekannteste Kritikerin ist die Autorin Gail Tredwell. In einem Interview mit dem Magazin *Rolling Stone* von 2012 erzählt sie, Ammas Familie sei regelmäßig Bargeld überbracht worden, desgleichen Gold; Ammas einst bitterarme Eltern und Geschwister sollen heute in palastartigen Häusern leben.[22] (Das Schweizer Fernsehen zeigt in seinem Bericht über Amma das Haus des Vaters. Wenn auch nicht unbedingt ein Palast, so ist es doch ein ziemlich schicker Neubau, das muss man sagen.) Vertreter von *The Hugging Saint* haben diese Vorwürfe zurückgewiesen.

Unterm Strich scheint es mir persönlich eher wahrscheinlich, dass das Geld vor allem für gute Zwecke aufgewendet wird. Allein prüfen lässt es sich nicht: Die Or-

---

22 Vgl.: David, Amsden : »The Hugging Saint« in *Rolling Stone*, August 2012.

ganisation legt ihre Finanzen nicht offen.[23] Das wirkliche bzw. relative Ausmaß der Wohltätigkeiten von MAM und ETW verbleibt also im Dunkeln. Und dennoch ist mir bei der ganzen Geldmacherei hier nicht wirklich wohl. Denn auf spirituellen Events agieren wohl auch nur fehlbare Naturen.

13.10 Uhr: Verlasse die Halle, um ungestört ein paar Besucher-O-Töne einzufangen. Hier eine Auswahl:

»Warum ich herkomme? Du lieber Himmel! Amma ist doch die Liebe selbst. Ich bin sehr dankbar, dass ich das heute erleben darf.«

»Der Amma-Moment ist einfach der perfekte Moment. Ich komme jedes Mal, wenn sie in Deutschland ist.«

»Ein gewöhnlicher Mensch könnte das nicht durchstehen. Sie muss eine besondere Verbindung zum Göttlichen haben.«

Um 13.55 Uhr steuert das Unterhaltungsprogramm auf ein weiteres Highlight zu: Zwei indische Mädchen hopsen auf die Bühne. Sie tragen volkstümliche Trachten, vollführen anmutige exotische Tanzschritte und lächeln etwas verkrampft. Kurz, das ist alles ziemlich niedlich. Allerdings gibt es einen Wermutstropfen, und der besteht darin, dass die Kinder auf unangenehm aufreizende Art geschminkt

---

23 Vgl. auch Jake Halpern: »Amma's Multifaceted Empire, Built on Hugs«, in *The New York Times*, 25. Mai 2013

sind. (Was der Darbietung in etwa die Aura jener Karnevals-Shows verleiht, für die man sechsjährige Funkenmariechen in kurze Röcke steckt, auf dass sie auf die Bühne marschieren, um die Beine nach Art der Can-Can-Tänzerinnen in die Luft zu schleudern. Anders ausgedrückt, diese Performance hier liegt irgendwo zwischen einfach süß und pädophilenfreundlich.) Dazu Bollywoodmusik aus der Konserve. Im Anschluss ein umweltpädagogisches Theaterstück von und für Kinder. Mit sprechender Müllhalde.

So zerrinnen die Stunden. Die Besucher meditieren oder knacken, andere stieren vom Nichtstun weichgekocht auf die Bühne. Ein Gutteil der Anwesenden – und nicht nur die Leute im reinweißen Amma-Look – wirken wie All-inclusive-Strandurlauber, die sich sonnen. Nur dass die Energiestrahlen anscheinend von der Bühne herkommen.

Habe inzwischen beobachtet, dass Leute Fotos mit vor zu Amma nehmen. Anscheinend handelt es sich um Bilder von Angehörigen. Sie geben sie Ammas Helferinnen, die sie der Heiligen an den Körper drücken. Neben dem Bühnenaufbau sitzt eine Frau im vollautomatisierten Rollstuhl, eine grotesk dürre Person mit gelblicher Haut.

Etwa die Hälfte der Knienden überreicht Amma ein Geschenk. Ein großer Teil davon stammt von einem Stand, der sich am hinteren Ende der Sitzreihen befindet. (Hier ist auch eine Art Schleuse mit einem Wartenummernhalter, wo man sich einzufinden hat, wenn die richtige Ziffernfolge aufgeblättert wird.) An dem Präsentstand gibt es Schnittrosen, Blütenketten, Orangen, Äpfel und Pralinen. Als Gegenleistung wird um eine Spende in selbst festzulegender Höhe gebeten; lediglich die Blüten-Ketten haben mit 10 bis 20 Euro je nach Größe einen festen Preis. Nach meiner Beobachtung fallen die Spenden großzügig aus. Für die Rosen z. B. wurden 5 bis 15 Euro je Stück gegeben.

Weil wir gerade von Geschenken sprechen: Wann immer Amma eine jener Aufmerksamkeiten aus Händen der Ergebenheit erhält, dankt sie mit einem Lächeln und reicht das Präsent am Körper vorbei nach hinten, wo es eine Assistentin entgegennimmt. Hängen ihr die Knienden eine Blumengirlande um, belassen die Helferinnen diese zunächst dort, um ihr den Schmuck nach ein paar Minuten wieder über den Kopf zu heben und wegzutragen. Die Opfergaben landen über diesen Zwischenschritt in der Obhut eines flinken kleinen Mannes, Typ Alexis Sorbas, mit drei Knopfloch weit geöffnetem Hemd. Dieser hängt die Kränze auf seinen wie einen Krawattenbügel rechtwinklig gehaltenen Unterarm, die Schnittblumen versenkt er in einen Plastikkübel. Von Zeit zu Zeit verschwindet der Mann damit, um alles kurz darauf bei der Verkäuferin an der Schleuse wieder abzugeben, zum neuerlichen Verkauf.

Noch nicht erwähnt hatte ich vorhin ein weiteres Grüppchen, das von Amma aus gesehen links vor der Bühne hockt bzw. kniet. Wie zu erfahren ist, wird ihnen eine besondere Ehre zuteil. Sie dürfen Amma Prassad überreichen. So heißt das Geschenk, das die Heilige jedem nach Vollzug der Umarmung in die Hand drückt. Im Moment: ein Bonbon der Marke Storck California Früchte sowie ein gelbes, rotgerandetes Rosenblatt. Die große Ehre bestehe in der Tatsache einer zusätzlichen Berührung Ammachis, erklärt mir eine Frau, die mit Klemmbrett und Namensliste bewaffnet das Prozedere verwaltet. Also unter anderem dafür sorgt, dass sich keiner unerlaubt untermischt. Denn hier zu sitzen ist der Lohn für umfangreiche Dienste rund um das Event. Wer ihn erhalten wolle, habe an drei Tagen wenigstens je sechs Stunden Freiwilligendienst in der Küche, bei der Essensausgabe o. Ä. abzuleisten, sagt die Frau.

In diesem Zusammenhang seien auch die Schildträger erwähnt, die man überall sieht. Mit handgeschrieben Pappen am Holzstiel stromern sie herum, auf denen zur Mithilfe an irgendwas gebeten wird. Etwa: »Helfer in der Küche gesucht. Bitte um 14.30 Uhr vor der Essensausgabe eintreffen.« Wie sich auch dem Blick ständig Leute, offenbar Freiwillige, bieten, die irgendeiner Hilfstätigkeit nachgehen, in der Küche das Gemüse schnibbeln, Geschirr spülen, im Foyer Tische abräumen. Die Herren-WCs reinigte vorhin ein mit Gummihandschuhen, Glasreiniger und Mob ausgestatteter Schwung von vier männlichen Putzfeen, welche mit ihrer Rolle allerdings sichtlich fremdelten.

Der Freiwilligendienst ist – neben den Spenden – das wahre Rückgrat von Ammas Organisationen. Nicht nur werden die Massenevents von Ehrenämtlern vorbereitet und durchgeführt (750 sollen allein 2012 in Berlin mitgewirkt haben, so entnehme ich der deutschen Amma-Website.) Auch die Mitarbeiter des Amma Internet-Shops tun ihren Dienst unentgeltlich, desgleichen zahllose Helfer bei MAM und ETW. Der Lohn für diesen Seva genannten Freiwilligendienst ist nicht allein das erhebende Gefühl, etwas am Guten mitgewirkt zu haben. Nach den Veden[24] ist

---

24 Die ältesten heiligen Texte der Hindus. Die vier Veden (Rig-, Sama-, Yajur- und Atharva-Veda) entstanden zwischen 1200 und 500 v. Chr.

Seva überdies ein Akt des Karma-Yoga, was bedeutet, dass es das Negativsaldo auf dem Konto der Taten verringert und das spirituelle Wachstum fördert. Und: Der Ehrenämtler folgt mit seinem Tun Ammas erklärtem Willen, hat also gute Chancen, seinem Guruji zu gefallen.

Vielleicht ist das eine gute Stelle, um zu erwähnen, dass Amma einen eigenen Fernsehkanal betreibt? Amrita TV ist der »dynamische, junge, wertorientierte Satellitensender für die ganze Familie«. Er ist – so die Eigendarstellung weiter – außerdem »liebenswert, bereichernd und unterhaltend«. Das 24/7-Programm wird fast auf der ganzen Welt ausgestrahlt, namentlich in Indien, im Mittleren Osten, den USA, Kanada, Australien, Kontinentaleuropa und auf den Britischen Inseln. Jene bemerkenswerte Reichweite wird technisch realisiert durch Kooperationen mit diversen Satelliten-Providern wie Free to Air, airtel digital TV, BIG TV, SUN DIRECT, E-Vision und Globe Cast World TV. Für das Internetstreaming gelang es dem Sender mit Adresse im Bundesstaat Kerala, als Partner Jump TV USA und India Online IPTV zu gewinnen. Ein eigener YouTube-Kanal bietet ausgewählte Sendungen sowie professionell gemachte Werbeteaser für den kostenpflichtigen Empfang.

Amrita TV bietet seinen Zusehern allerdings eher weniger spirituelle Kost, sondern wartet mit einem veritablen Vollprogramm auf. Es gibt vier Reality-Shows, vier Seifenopern, sieben Magazinsendungen, welche in der Sparte »Kultur und Tradition« rubrizieren – nicht eingerechnet die drei Filmmagazine –, ein umfangreiches Spielfilmprogramm, zwei offenbar ziemlich lässige Comedy-Shows, eine Talkshow, fünf Lifestyle-Formate, ein Umweltmagazin, fünfzehn (!) journalistische Formate (inkl. fünf News-Shows), ein Reisemagazin und die beiden beliebten Kochsendungen Taste of Kerala sowie Super Chefs (freitags, 22.30 Uhr, IST, »5-Star Chefs Present Their Culinary Masterpieces«). Dezidiert spirituellen Inhalt weisen genau drei Formate in Ammas TV-Sender auf.

Obwohl Pay-TV, lässt sich das ohne Sponsoring anscheinend nicht stemmen, und so führt der Fernsehkanal der heiligen Frau auf seiner Internetseite als Partner und Werbekunden eine Armada internationaler *top brands* auf, unter anderem: Airtel, Bank of India, Heinz, Henkel, Hewlett-Packard, Honda Motors, Intel, Johnson & Johnson, Kellog's, Maggi, Pepsico, Philips, Vodafone u.v.a.m. (per Stand vom Februar 2013). Nicht aufgeführt in der Liste ist unter anderem der Juwelier JOSCO Jewellery Inc., der als Sponsor der Sendung Super Dancer Junior auftritt, die erfolgreich inzwischen in der fünften Staffel läuft.

Um 16.10 Uhr, sechs Stunden nach meinem Eintreffen, blättert ein Mann aus Ammas Stab am Wartenummernhalter die »ZI« auf. Ein paar Dutzend Leute finden sich bei der Schleuse ein. Abermals hat man zu warten.

Dabei lerne ich Eeva aus dem finnischen Espoo kennen, die am Morgen mit dem Flugzeug angereist war. Eeva, 41, ist Gymnasiallehrerin, spricht ein nahezu akzentfreies Englisch mit beindruckendem Wortschatz und engagiert sich in der finnischen Bildungspolitik. Vor ein paar Jahren habe sie Amma das erste Mal live erlebt, sagt sie. Dann zeigt sie mir ihr Geschenk für Amma: ein Porzellanhündchen, dem der Künstler mit einem Transparentlack wässrige Augen verpasst hat, auf der Stirn trägt es das Mal der Jünger Krishnas. Amma werde sich über die Aufmerksamkeit besonders freuen, sagt Eeva, denn diese Figur sehe haargenau so aus wie jener Hund, der im Aschram in Amritapuri wie ein Trabant an der Seite der heiligen Mutter hing. Seinen kleinen Doppelgänger habe sie vor vier Wochen auf einem Flohmarkt entdeckt. Sagt's, lächelt und umklammert das Hündchen fest mit der Hand.

Wir geben unsere Tickets bei Mitgliedern des Amma-*staffs* ab und dürfen die Schleuse passieren. Dann lassen wir uns nebeneinander auf Stühlen nieder. Sie bilden das Ende einer Zweierreihe, die in einer geraden Linie bis zu Amma führt. Jedes Mal, wenn vorn zwei Stühle frei geworden sind, rutscht alles einen Platz auf. Während wir uns nun minütlich erheben, um die Plätze vor uns zu besetzen, bereitet mich meine neue Bekannte auf den Moment vor. Eeva sagt, dass einen bei der Umarmung das pure Glück durchfließe, man empfange eine Kraft, die tagelang vorhalte. Unter anderem gelinge plötzlich alles wie von selbst. Sie sagt, ich solle nur danach, wenn es geht, vorn in Ammas Nähe bleiben.

Wir sind auf fünf Plätze herangekommen, als sie sich mitten im Satz unterbricht. Zwei Stühle weitergerückt, und eine Inderin tritt mit einem Kleenex in der Hand an mich heran, wischt mein Gesicht, mehrere Augenpaare ruhen fest auf einem, jemand spult Instruktionen ab. Die Musiker intonieren wieder das berühmte Hare-Krishna-Mantra. Ein Mann wirft sich vor Amma nieder, dann Eeva. Dann bin ich an der Reihe.

***

Wie es sich anfühlt, das war die erste Frage, die man mir später oft gestellt hat, wenn ich von meinem »Amma-Moment« erzählte. Wie ist es, eine Heilige zu umarmen? Offen gesagt, ich kann darauf wohl keine befriedigende Antwort geben, es entzieht sich meiner Kenntnis. An diesem Oktobertag haben im Velodrom schätzungsweise 5000 Menschen eine Person umarmt, die für sie eine Heilige ist, eine Mensch gewordene Gottheit, ein weiblicher Guru. Was mich betrifft, so umarmte ich ein kleine, dicke Frau, und genau so fühlte es sich auch an.

(Übrigens, Amma spricht zu einem in diesem Moment. Mir flüsterte sie mit heiserer Stimme ins Ohr: »Mei librrr Sun, mei librrr Sun, mei librrr Sun.« Deutschsprachige Frauen – man wird kurz vorher nach seiner Muttersprache gefragt – redet Amma mit »Meine Liebe, meine Liebe, meine Liebe« an.)

Nun, wir sind aber noch nicht ganz am Ende dieser Ausführungen angelangt.

Am darauffolgenden Tag besuche ich das Velodrom ein weiteres Mal. Es bietet sich mir das gleiche Bild: derselbe Andrang, dieselben Abläufe – mit dem flinken Blumeneinsammler, der Klemmbrettfrau, den Leuten mit den Schildern, den Küchen- und Toilettendienern etc. Vorn bei Amma sitzt an derselben Stelle wie tags zuvor die Frau in ihrem Elektrorolli. Es sieht aus, als habe sie sich nicht vom Fleck bewegt.

Ich streife noch etwas herum und spreche mit ein paar Besuchern, etwa jener US-Amerikanerin: Jill. Sie ist 50 und besitzt die blonde Mähne und die klassischen Gesichtszüge einer Immobilienmaklerin mit exklusivem Portfolio. Jill hat ihre langen, schlanken Arme um einen Teddy von der Größe eines Zehnjährigen geschlungen. Sie erklärt mir, dass sie das Stofftier von Amma segnen lassen wolle, stellvertretend für Berlin. (Nicht symbolisch, Jill glaubt, es habe eine heilsame Wirkung auf die Stadt. Der Bär ist, nur falls das jemandem nicht bekannt sein sollte, das Wappentier Berlins.) Ein paar Worte wechsele ich mit einer Besucherin, die etwas fahrig wirkt. Sie ist auf der Suche nach einem Bekannten, den sie hierher eingeladen hat, damit Amma ihm durch ihre »heilenergetische Gegenwart« helfe. Ich frage nach und erfahre, dass er nach einem Zeckenstich an einer Hirnhautentzündung erkrankt war. Schließlich findet sie ihn. Der Mann ist ein Wrack von einem 30-Jährigen.

Amma-Tag Nr. drei schließlich verpasste ich aus terminlichen Gründen. Doch meine Freundin Linda nahm an der Veranstaltung teil und erstattet mir später Bericht: Nach dem üblichen Massengeherze (Dauer: zwölf Stunden circa) hielt man eine feierliche Abendzeremonie ab. Amma segnete Leitungswasser, und gemeinsam sang man fromme Lieder. An Besucher, die es erbaten, verteilte der Guruji persönliche Mantren. Wer eines erhalten wollte, hatte Ammachi auf Knien zu fragen: »Amma Mantra?«

Linda bat um ein Mantra. Dessen Wortlaut kenne ich jedoch nicht; sie darf ihn mir nicht verraten, da sonst die Verbindung zwischen Guru und Schüler, die der Vers darstellt, zerstört würde. Bis spät in die Nacht wurde gesungen, und es war, wie Linda sagt, absolut das, was man ein Erlebnis nennen könnte.

III.
Der Blick in die Zukunft

1. Beim Wahrsager

Wenn Wanda Di Claudio in die Zukunft blickt, sieht sie aus, also ob sie eine Migräne bekommt. Ihre Stirn liegt in Runzeln, die Finger massieren die Schläfen, während sich ihr Mund zu einem schiefen Lippenstiftstrich verzerrt. Doch Wanda bekommt keine Migräne – obschon Wahrsagen, wie sie sagt, einen mentale Höchstleistung ist.

Es ist ein Dienstag, Anfang Februar und 15.10 Uhr. Wanda, ich, und eine Klientin der Wahrsagerin sitzen in Wandas Wohnung am Küchentisch. Die Kundin, eine schlanke 30-Jährige, gibt mit ihren rastlosen Augen und der gedrückten Körperhaltung ein Bild tiefsitzender Verletzungen ab. Eine Aura der verstörten Überspanntheit umgibt sie.

Und doch wage ich mal die Prognose, dass Wandas dritte Klientin heute munter und mit durchgedrücktem Kreuz aus der Wohnung schreiten wird, verwandelt in eine Königin der Zuversicht. Denn was Wanda ihren Kundinnen bisher aus der Zukunft zu berichten wusste, war stets erfreulich.

Wanda kehrt zurück in die feststoffliche Welt. Und erklärt erst mal, dass der Mann, der die Ursache des

Kummers ist, ein richtiger Schuft sei. Ihre Kundin presst die Lippen zusammen und nickt. »Aber«, verkündet die Wahrsagerin, »er kann sich bessern.« Was folgt, ist erneut eine Zukunft wie aus dem Bestellkatalog. Und ich beginne langsam zu verstehen, worum es hier wirklich geht.

Denn mit nüchterner Prognostik hat das, was Wandas Geschäft darstellt, offenbar wenig zu tun. Im Gegenteil. Die rosigen Vorhersagen stellen bloß den angenehmen Höhepunkt einer weit umfassenderen Dienstleistung dar, die man bezeichnen könnte als »Eine Runde Seele pampern, bitte«. Jenes Verhätscheln und Wiederaufrichten beginnt schon mit dem großen Hallo und hereinspaziert an der Tür. Wanda, eine späte Liz Taylor im Hausmantel, die aber geschminkt ist wie für ein Galadinner, strahlt einen an, als wäre man ein vollgültiges Wunder. »Herzchen!«, flötet sie. »Nun komm erst mal rein.« Auf Smalltalk gebettet und mit kleinen Schmeicheleien gepudert, wird man in die Küche verfrachtet – wo die Klientin, kaum dass sie sitzt, erst mal ein Stück Kuchen verpasst bekommt. Ganz recht: verpasst. Denn Wanda duldet diesbezüglich keinen Widerspruch. Wer das süße Soulfood ablehnt, kassiert einen Eisesblick. Will sagen, man bekommt seinen Kuchen verordnet. (Das schokoladige Backwerk ist selbstgemacht und mit diesen Wasserleichen von Kirschen aus dem Glas im Übrigen einfach nur lecker. Dazu wird dampfender Filterkaffee eingeschenkt.) Folgt Behandlungsschritt zwei: Die Klientin darf ihre Sorgen ausschütten, von Kümmernissen berichten und über die kleinen Boshaftigkeiten des Lebens, die sie aus der feindlichen Welt in Wandas kleine Wohlfühl-Oase führen. Wanda hört sich das mit großer Geduld an. Nur manchmal fällt sie den Frauen plötzlich ins Wort und belehrt mütterlich-resolut, so nach dem Muster: »Kindchen, du musst ihn eifersüchtig machen.« Falls erforderlich, wird nun eine Hand getätschelt, gibt es ein Bussi auf die Wange. Dann erst kommt der Zukunftsblick, Wanda sammelt sich und dockt an die »geistige Welt« an.

Wie gesagt, es war bisher immer ein rosiges Morgen, welches sie zurückgekehrt zu schildern pflegte, und stets hatte sie es versehen mit einem kräftigen Schuss ratgeberischer Tipps. Und auch diesmal verfehlt dieses Paket seine Wirkung nicht. Nach einer Dreiviertelstunde erhebt sich das vormalige Elendshäufchen mehr als bloß gelöst: Die Frau tritt in den gräulichen Wintertag mit dem Gang einer Athletin.

Zurück in der Küche, schenkt Wanda Kaffee nach und zündet sich eine ihrer Zigaretten mit den weißen Filtern an, an der sie kräftig saugt. Dann sieht sie mich herausfordernd an.

Um 18.30 Uhr desselben Tages breitet Sonja Koplin auf dem mit einem olivfarbenen Brokattuch bedeckten Couchtisch ein Kartendeck aus. Sie wird mir die Zukunft lesen.

Sonjas Beratungszimmer ist eine schummrige, geheimnisvolle Krämerkammer. Masken aus Afrika glotzen einen von der Wand an, ein vierarmiger Kupfer-Shiva steht herum, eine Katzengöttin (vermutlich ägyptisch, mit irritierend lebhaften Augen) daneben: eine hölzerne Figur, schwarz, fast nur Hals mit Federschmuck; in den Wandregalen: zerrbildernde Glaskugeln, Katzenminze im Blumentöpfchen, Stapel antiquarischer Bücher und feinziselierte, staubergraute Silberschatullen. Neben der Couch leere Bilderrahmen und ein Karton, der vor magischen Utensilien überquillt, Voodoo-Werkzeug offenbar; ein lachender, goldfarbener Buddha lugt daraus hervor.

Die drei Tarotkarten erzählen von Vergangenheit, Gegenwart und Zukunft, sagt Sonja. Das Kartenbild gebe Antwort auf meine Frage an die Schicksalsmächte – jedoch soll ich die Frage für mich behalten.[25] Ein Blatt nach dem anderen deckt Sonja auf, und zum ersten Mal sehe ich mir Tarot-Karten etwas genauer an. Und was soll ich euch sagen, Leute? Tarot-Karten sind richtig cool. Mein Zukunftsblatt zum Beispiel: Es zeigt eine Wolke, die über eine menschliche Hand verfügt. Darin hält sie einen Goldkelch, den sie einem Mann hinreicht. Der sitzt auf einem Feld unter einem Baum und gleicht mit seinen verschränkten Armen und Beinen einem menschlichen Pentagramm. In der Art, wie Sonja die Bedeutung des Kartenbildes kundtut, liegt etwas zugleich Apokalyptisches und angenehm Feierliches.

Rückblickend ist mir klar, was als Nächstes passierte. Ja, bereits in der Situation hatte ich wohl eine Ahnung, was vor sich ging. Aber ich würde lügen, wenn ich behauptete, dass es seine Wirkung bei mir total verfehlte hätte. Denn was Sonja alles über meine Person und meine Vergangenheit zu wissen schien, war erstaunlich. Wie gesagt, es ist ein

---

25 Was ich wirklich *zu* gern wissen würde, hat mit einer unangenehmen Geschichte zu tun, die ich daher auch hier für mich behalten möchte. Sagen wir einfach, es dreht sich um eine Sache (im weiteren Sinn von »Sache«), die für mich eine gewisse Relevanz besitzt.

Trick, davon bin ich überzeugt. Und es liegt auch eigentlich klar auf der Hand, wie der funktioniert: Sonja formulierte so allgemeingültig, so vage, dass man schier alles in ihre Worte legen konnte. Und genau das tat ich automatisch. Ohne es zu wollen, verlieh ich dem, was sie sagte, einen Sinn. Erst durch mein Zutun klang es dann fast schon nach Hellsicht.[26]

In einer zweiten Runde breitete Sonja neun Karten aus und gab mir den generellen Überblick, die futurologische Großwetterlage für die nächsten zwölf Monate.

***

Wie es sich für ein okkultes Gewerbe gehört, liegt bei der Wahrsagerzunft das meiste im Dunkeln. Niemand weiß, wie viele Berufshellsichtige es gibt, was sie verdienen o. Ä. Was sich dagegen mit einiger Sicherheit sagen lässt, ist, dass die meisten Propheten offenbar wirklich von sich glauben, die Zukunft sehen zu können. Mindestens hatte ich bei Sonja, Wanda und den fünf anderen Wahrsagern, mit denen ich telefonierte, den Eindruck, dass sie *echt* überzeugt von ihren Psi-Kräften waren. Selbstbewusst warben sie mit Trefferquoten von 90 bis 100 Prozent.

Es gibt ein Reihe von Leuten, die es als ihre Aufgabe

---

26 Es gibt eigentlich einen Unterschied zwischen Hellsehen und Wahrsagen, aber meist werden die Begriffe synonym verwendet, was ich hier auch tun werde. (Für alle die es näher interessiert: Der *Duden* definiert Hellsehen als »(angeblich) entfernt stattfindende oder zukünftige Ereignisse wahrnehmen, die außerhalb jeder normalen Sinneswahrnehmung liegen«. Wahrsagen ist demnach »über verborgene oder zukünftige Dinge mit Hilfe bestimmter Praktiken Vorhersagen machen«.)

betrachten, derlei zu widerlegen. Einige von ihnen arbeiten für die Gesellschaft zur wissenschaftlichen Untersuchung von Parawissenschaften (GWUP). Ihr zufolge liegt die Trefferquote von Wahrsagern statt bei 90 Prozent plus im Schnitt eher bei einem bis vier Prozent. Obwohl diese Resultate mit schöner Regelmäßigkeit von der Presse weiterverbreitet werden, ist nicht bekanntgeworden, dass es jemanden umgestimmt hätte. Aber die Sachlage ist noch verwirrender.

Denn es erscheint bei solchen Resultaten eigentlich logisch, dass ein Großteil der Kundschaft von Sterndeutern und Handlesern die Erfahrung gemacht haben müsste, dass die Prognosen eher nicht eintrafen. Und das wiederum sollte sich langsam herumgesprochen haben. Trotzdem begeben sich nach wie vor zahlreiche Menschen in die Hände von Wahrsagern – und das sind mitnichten alles Hirnis, die einfach nur gar nichts peilen. Dieser mysteriöse Sachverhalt bringt uns zu einem der wahren Geheimnisse der Wahrsagerei: der Frage nach dem Warum. Warum gehen Menschen zum Wahrsager?

Um die Gründe zu verstehen, hilft es, sich eine Sache bewusstzumachen, die erst einmal nach einem Paradoxon klingt. Nämlich, dass es beim Wahrsagen um die Zukunft oder das Schicksal gar nicht geht. Damit meine ich nicht, die Klienten würden nicht an die Fähigkeiten des Mediums glauben. Das tun sie schon. Doch ihr wahres Motiv ist offenbar ein anderes.

Folgt man dem Religionshistoriker Georges Minois, ist es ein psychologisches, nämlich die Mixtur aus tröstlicher menschlicher Zuwendung in schweren Zeiten einerseits und »Vorhersagen«, die in Wahrheit nur verbrämte Ratschläge sind, wie man die Weichen zu stellen hat für eine bessere Zukunft andererseits. Oder um es mit seinen Worten zu sagen: Die »Vorhersage« ist untrennbar mit den Schritten verknüpft, die zu ihr führen.[27]

Man muss diese Auffassung natürlich nicht teilen. Aber wenn man sich ansieht, was bei den Sitzungen passiert, ist es erschlagend überzeugend. Einleuchten mag dann auch, warum in der Wahrsagerversion der Zukunft nie brutale Schicksalsschläge vorkommen – kein grausamer Tod oder sonst etwas anders echt richtig Dunkles.[28] Der Grund ist, nur gute Prognosen sind ein Trost, nur die Aussicht auf ein rosiges Morgen stärkt das Selbstvertrauen und stellt einen Anreiz dar, den mitgelieferten impliziten Ratschlägen zu folgen.[29]

Man kann es auch so sagen: Die verborgene Motivation, sich in die Obhut eines Orakels zu begeben, besteht für die Klienten darin, zu hören, was zu hören sie sich (mithin bang) wünschen. Die Klientel betritt die Praxis mit der zuversichtlichen Hoffnung – oder auch schon mit der Ah-

---

27 Vgl.: Georges Minois: »Geschichte der Zukunft«, Düsseldorf 1998, und Walter Burkert: »Griechische Religion der archaischen und klassischen Epoche«, Stuttgart 1977.

28 Die Geschichte, in der eine Zigeunerin der Fußpflegerin der Mutter der besten Freundin ihrer Schwester damals den Tod vorausgesagt hat, ist die Ausnahme, davon dürfen wir ausgehen.

29 Die erfreulichen Aussichten haben allerdings wohl auch einen betriebswirtschaftlichen Grund. Denn würden Wahrsager vorhersagen, was das Leben nun mal mit sich bringen kann – schlimme Unfälle, Tod, Verarmung, Einsamkeit –, von der jetzigen Kundschaft würde sich wahrscheinlich nur noch fünf Prozent blicken lassen.

nung – in dieser Hinsicht nicht enttäuscht zu werden. Was ja in der Regel auch der Fall ist.[30] Jenes beruhigende Gefühl, sich letztlich auf einem sicheren Dampfer zu befinden und durch tobende See einer Zukunft in türkisfarbenem Lagunenwasser mit blauem Himmel entgegenzutuckern, mit welchem man als Kunde aus der Praxistür zurück in die Realität tritt, ist logischerweise einer großen Zahl von Leuten eine ganze Stange Geld wert. Und es liegt auf der Hand, dass die Erfahrung von Falschprognosen psychologisch nicht ankommt gegen den Lebensmut, den man gewinnt.[31]

Wer futurologischen Sitzungen beiwohnt oder sich welche im Internet ansieht, wird noch etwas anderes feststellen. Nämlich dass diese Prognosen Menschen mit ihrer Situation versöhnen. Das ist ein naheliegender Effekt guter Aussichten. Aber auch das Resultat einer bestimmten, für Wahrsager typischen Interpretation der Vergangenheit, die da lautet: Die Kränkungen und Verletzungen waren nötig, damit das Glück nun freie Bahn hat. All das ist nach meinem Eindruck dazu angetan, mit dem Leben und seinen Gemeinheiten zu versöhnen; reinster Balsam für die Seele. (Was aber wirklich kein Rat sein soll, sich mit echten Problemen an Wahrsager zu wenden.)

Natürlich ist das alles verkürzt. Natürlich konsultieren auch Menschen Wahrsager, die nicht in echten Krisen stecken. Für sie stellen Hellsichtige und Wahrsager einfach

---

30 Beispielsweise gaben in einer 2002 veröffentlichten Umfrage unter Mitgliedern des Deutschen Astrologen-Verbandes 68,8 Prozent der Befragten an, Todesprognosen für unseriös zu halten.

31 Vgl.: Walter Burkert, ebd.

eine kleine psychologische Stütze dar, sind die ratgeberische Hilfe bei Entscheidungen weniger existentieller Art.[32]

Hier folgt jetzt ein Exkurs über mögliche Gründe für etwaige Treffer von Wahrsagern und anderen Medien beim Charakter, dem Vorleben und der Zukunft der Kunden – und für das Wundergrausen, das einen dabei ankommen mag.

Was gute Wahrsager und andere talentierte Psi-Medien einem auf den Kopf zusagen können, kann tatsächlich ziemlich beeindruckend sein. Prinzipiell könnte eine übersinnliche Gabe dahinterstecken, denn einen Beweis, dass derlei nicht existiert, gibt es nicht. (Es wird ihn aber auch nie geben, denn es ist aus zwingenden logischen Gründen

---

32 Wahrgesehen wird bekanntlich mit und ohne Hilfsmittel. Zu den üblichen Werkzeugen zählen neben Glaskugel, Karten, Kaffeesatz und Pendel das Aufschlagen von Büchern (Bibliomantie), das Lesen von Handlinien (Chiromantie) und – inzwischen seltener – das Werfen von Stäben oder Runen (Rhabdomantie). Kaum noch zur Anwendung kommen die Deutung von Rauchschwaden oder von Wolkenformationen, Vogelzug und Landschaftsformationen (klassische Geomantie), das Eierorakel, die Tierknochen-Prophetie und die Eingeweidebeschau mit schlachtfrischen Innereien. Die Rumpologie scheint mir, offen gesagt, die Erfindung von ein paar Scherzbolden. Denn angeblich lesen Rumpologen das Schicksal an Form und Beschaffenheit des Gesäßes ihrer Klienten ab, u. a. durch Befühlen. Die Mutter von »Rocky«-Darsteller Silvester Stallone soll eine führende Fachkraft auf dem Gebiet sein. (Verwirrend: Unter www.jacquelinestallone.com findet man wirklich ein entsprechendes Angebot …) Definitiv ausgeschlossen ist jedenfalls die Schicksalsprognose durch Inspektionen von Penis und Vagina. Die sogenannte Genitalschau ist bekanntlich der Witz von ein paar Studenten. Senden Sie also um Himmels willen keine Fotos ein!

schlicht unmöglich, zu beweisen, dass etwas *nicht* existiert.) Andererseits sind die Indizien, dass es in Wahrheit höchst irdisch zugeht, dass vor allem Psychologie im Spiel ist, wo Wahrsager wirken, ziemlich schwerwiegend.

Wahrscheinlich ist den meisten Lesern bekannt, dass wir durch Körpersprache ständig eine Menge über uns ausplaudern. Diese *nonverbale Kommunikation* (Mimik, Gestik, Körperhaltung) zu kontrollieren ist äußerst schwer, sie ganz zu unterbinden, sagen Experten, dürfte wohl unmöglich sein. Hier eine Methode, wie man durch genaues Beobachten von Mimik »Gedanken lesen« und Informationen aus der Vergangenheit seiner Mitmenschen gewinnen kann; sie besticht durch ihre unheimliche Einfachheit, ja, sie ist potentiell *unheimlich*.

Denn jeder – oder so gut wie jeder von uns – besitzt ein »Ja«- und ein »Nein«-Gesicht, und diese beiden verraten mehr über uns, als den meisten von uns lieb sein dürfte. Das »Ja«-Gesicht nämlich setzen wir nicht nur auf, wenn wir eine emotional neutrale Frage wahrhaftig mit »Ja« beantworten können, sondern auch, wenn wir eine Sache mit *positiven Emotionen* verbinden. Das »Nein«-Gesicht tragen wir, wenn uns *negative Gefühle* überkommen und wenn wir eine Frage einfach sachlich verneinen. Unser Glück ist, dass sich diese Gesichtsausdrücke nur in forensischen Details von einem neutralen Ausdruck (im Fachjargon *baseline*) unterscheiden, aber die Zeichen, die uns verraten, existieren: ein Zucken um den Mund, ein schwaches Lächeln, ein unwillkürliches Blähen der Nasenflügel. Manche Menschen nicken sogar unbewusst ein bisschen, wenn sie diese »Ja«-Gefühl haben, aber das sind wirklich die Ausnahmen. (Ich weiß das alles übrigens aus einem Artikel, den ein Psychologieprofessor seinerzeit, 2001, in einem Uni-Seminar austeilte, und habe es selbst ausprobiert. Wobei ich zum Beispiel festgestellt habe, dass jemand, den ich persönlich gut kenne, zuverlässig den linken Mundwinkel herunterzieht, wenn er diese Nein-Regung verspürt.) Jene Zeichen lesen zu können bedarf, zumal sie individuell unterschiedlich sind und manche Menschen mit einem Pokerface auf die Welt kommen, viel Training (sowie stets einen Abgleich mit dem neutralen Gesicht). Aber wenn Sie fleißig üben und ein bisschen Talent mitbringen, reichen Ihnen irgendwann zwei alltägliche, unverfängliche Fragen sowie eine geschickte Fragetechnik, und der Kopf Ihres Gegenübers scheint Ihnen ein offenes Buch zu sein.

Wie gesagt, das ist nur ein Beispiel, und wir dürfen davon ausgehen, Profiwahrsager haben noch ganz andere Dinger drauf.

Neben den Körpersignalen interpretieren sie offenbar auch sehr erfolgreich, was Wortwahl, Kleidung, Kosmetik oder Frisuren über uns verraten – und das ist, wenn man mal darüber nachdenkt, ebenfalls eine ganze Menge. Es gibt ein interessantes Experiment eines Psychologen, der sich testhalber als Zukunftsmedium versucht hat. Was er tat, hat mit Hellsehen nichts zu tun, nicht mal höhere Psychologie ist im Spiel. Es basiert allein auf Lebenserfahrung, einer genauen Beobachtung und einer gewissen berufsbedingten Menschenkenntnis. Unser Psychologe gab sich also als Medium aus, richtete seine Praxis ein bisschen um und bat zu Konsultationen. Es zeigte sich, dass er erstaunlich gut darin war, seinen Klienten Dinge über sie zu sagen, die er scheinbar unmöglich wissen konnte. Alles, was er aber tat, war, die paar Informationen, die ihm die Erscheinung seines Gegenübers gab, klug zu gewichten und zu interpretieren. In anschließenden Befragungen zeigten sich die Kunden von seinen seherischen Fähigkeiten tief beeindruckt.

Die Methode gehört übrigens zum sogenannten *cold reading.* Der Begriff bezeichnet eine jener Techniken, mit denen Mental-Magier (»Mentalisten«) ihre verblüffenden Effekte erzielen. Psychologen glauben, dass Wahrsager *cold reading* unbewusst einsetzen, sie sind: *shut eyed mind reader.*

Der »Barnum-Effekt« (auch »Forer-Effekt«) spielt offenbar ebenfalls eine Rolle bei dem, was in medialen Sitzungen tatsächlich passiert. Mit dem Begriff umschreiben Psychologen jene universelle menschliche Neigung, Aussagen wie die folgenden als zutreffende Beschreibung ihrer eigenen Person zu empfinden:

»Manchmal verhalten Sie sich extrovertiert und sind leutselig, bisweilen ziehen Sie sich lieber zurück, sind skeptisch und zurückhaltend. Sie sind stolz auf Ihr unabhängiges Denken und nehmen anderer Leute Aussagen nicht unbewiesen hin.«

Nüchtern betrachtet, handelt es sich hierbei um nicht mehr als um Aussagen, die praktisch auf jeden zutreffen. Das liegt unter anderem daran, dass der Text gegensätzliche Charaktermerkmale in einem ausgewogenen Verhältnis beinhaltet.

Dass wir uns in derlei wiedererkennen, hat zum Teil damit zu tun, dass die Aussagen eine positive Tendenz haben; wir hören einfach gern Gutes über uns. (Psychologen sprechen vom »Balsameffekt«.) Aber wichtiger ist etwas anderes: Eine Beschreibung wie die obige bietet uns eine gute

Gelegenheit, das Bild zu bestätigen, das wir von uns selbst haben. Wir lesen die mehrdeutigen Aussagen genau in die für uns passende und angenehme Richtung, durchsuchen sie unbewusst selektiv und wählen jene Merkmale aus, die beschreiben, wie wir uns selbst gerne sehen.

Der US-Psychologe Bertram R. Forer (1914–2000) hatte den Barnum-Effekt 1949 erstmals in einer Testreihe untersucht. Forer, damals tätig an der Veterans Administration Mental Hygiene Clinic, Los Angeles, bat seine Studenten um ihre Teilnahme an einem Persönlichkeitstest mit Fragebögen. Eine Woche später erhielten die 39 Teilnehmer die Auswertungen zurück, versehen mit der Bitte, nun ihrerseits zu bewerten, wie zutreffend sie sich charakterisiert fanden. Was die Probanden nicht wussten, war, dass alle denselben Text erhalten hatten; wie ihnen auch nicht bekannt war, dass Forer ihn aus Zeitungshoroskopen zusammengesetzt hatte. Auf einer Skala von 0 (»trifft gar nicht zu«) bis 5 (»trifft sehr gut zu«) bewerteten die Studenten die vermeintlichen Analysen ihrer Persönlichkeit im Durchschnitt mit über 4 Punkten, nur ein Student gab einen Wert unter 4 an. Die Trefferquote lag ihrer Einschätzung zufolge demnach bei 86 %. Heute gilt das Experiment als klassisch, und seine Ergebnisse wurden oft bestätigt.[33]

---

33 Einige Berühmtheit erlangte zum Beispiel eine Nachfolgestudie des französischen Psychologen Michel Gauquelin (1928–1991). Darin fanden sich 94 % der Probanden in einem Geburtshoroskop »sehr gut« beschrieben, welches Gauquelin von Profi-Astrologen über eine dritte Person hatte anfertigen lassen. Wie bei Forers Experiment erhielten alle Teilnehmer denselben Text. (Die kleine effektvolle Gehässigkeit Gauquelins bestand darin, dass es sich um die astrologische Charakterstudie eines Serienmörders handelte.)

(Für Astrologiekritiker war das ein gefundenes Fressen. Und manche Autoren fassen das ganze Gebiet der Sterndeuterei seither kurz und schmerzlos so zusammen: Astrologische Persönlichkeitsanalysen sind Barnum-Texte.) Bei Wahrsagern, Hellsichtigen und Astrologen wird man vieldeutige und nichtssagende Barnum-Aussagen ebenfalls häufig hören und sich vielleicht derartig gut beschrieben sehen, dass das ganz bestimmt nicht mit rechten Dingen zugehen kann.

Etwas Ähnliches geschieht auch bei den Zukunftsprognosen. Wer mit kritischer Distanz zuhört, wird bemerken, dass es fast immer Nullaussagen sind oder Verlautbarungen, die Spielraum für Auslegung lassen, Beispiel: »Sie werden nächstes Jahr jemanden kennenlernen.«

Bisweilen ist die Prognostik allerdings wirklich konkret, und Wahrsager liegen auf verblüffende Weise richtig. Solche Treffer lassen sich plausibel erklären, wenn man weiß, dass es dann in aller Regel um Dinge geht, die die Lebenserfahrung lehrt. Die sogenannten Lebenswegexperten kennen einfach die Wahrscheinlichkeiten, denen all unsere Biographien am Ende unterworfen sind, so unterschiedlich sie im Detail auch sein mögen.

Dass es am Ende wohl der Klient selbst ist, der die Prognosen und charakterologischen Studien erstellt, zeigt auch eindrücklich ein Experiment des Psychologen Ray Hyman von der University of Oregon. Hyman ist sozusagen ein Insider, denn bevor er Psychologie studierte, hatte er sich mit Chiromantie verdingt. Er war recht erfolgreich damit und glaubte zunächst selbst, in den Handlinien seiner Klienten etwas über deren Charakter lesen zu können. Dann eines Tages forderte ihn ein Freund mit einer Wette heraus. Er behauptete, Hyman würde seine Kunden genauso zufriedenstellen, wenn er alle Regeln aus den Lehrbüchern ignorierte und sich bei seinen Sitzungen einfach etwas aus den Fingern saugte. Ray Hyman nahm die Wette an und las – vermutlich etwas nervös – seiner nächsten Kundin das exakte Gegenteil dessen aus der Hand, was ihm die Linien sagten. Als er fertig war, schwieg die Frau. Sie war überwältigt, wie genau sein Wissen über sie und ihr Leben war. Ray Hyman wiederholte das Experiment mit den folgenden Klienten und erzielte stets dasselbe Ergebnis.

Der Psychologe Toni Forster, tätig am Max-Planck-Institut für Psychiatrie in München, hat bei Wahrsagern ferner Techniken beobachtet, die aus der Hypnose-Einleitung bekannt sind.[34] Mit anderen Worten, es scheint, dass einige von ihnen ihre Klienten unmerklich in leichte Trance-Zustände versetzen, um besser in ihnen lesen zu können. Selbst das kann offenbar ohne das Wissen des Mediums geschehen.

Oder man macht es wie dieses Medium in einer astrologischen Call-in-Fernsehsendung:

Medium: »Hast du deinen Mann sehr geliebt?«

Kundin: »Ja.«

Medium (nickt zustimmend): »Auf dem Kartenbild ist nämlich angezeigt, dass er dein Karma-Mann war.«

---

34 Laut der Website des Psychotherapeuten Werner Eberwein: www. werner-eberwein.de; Stand: Februar 2014.

Dass solche Treffer den Glauben in das Können des Zukunftsmediums stärken, liegt auf der Hand – und das ist für deren tatsächliches Eintreten von einiger Bedeutung. Psychologen gehen nämlich davon aus, dass es bei der Wahrsagerei zu einer Art der *selbsterfüllenden Prophezeiung (selffulfilling prophecy)* kommen kann: Die Prognose führt zu einem veränderten Verhalten, das ihr Eintreten begünstigt.

Aber womöglich macht es auch gar nichts, wenn man sich als Prophet bei seinen Augurationen eine Menge richtig derber Schnitzer erlaubt. Denn wer Wahrsager aufsucht, hat, wie Psychologen festgestellt haben, die starke Tendenz, sich nur an jene Aussagen zu erinnern, die später auch eintrafen; die Fehler des Mediums aber versinken in Vergessenheit. (Fachleute sprechen von »Amnesie«.) Hintergrund ist der Bestätigungsfehler (*confirmation bias*, ein Begriff aus der Gedächtnispsychologie), welcher auch dem Barnum-Effekt zugrunde liegt. Ein eindrucksvolles Beispiel für Amnesie liefert ein Test des Esoterik-Skeptikers, Zauberkünstlers und TV-Moderators James Randi.

Randi, eine der Galionsfiguren der Skeptikerbewegung, ist unter anderem bekannt für seine Eine-Million-Dollar-Herausforderung. Jener 1964 ausgelobte Preis – damals belief sich die Summe noch auf $ 1000 –, wird dem Kanadier zufolge jedem zuteil, der beweisen kann, paranormale Kräfte zu besitzen. Obwohl einige hundert Anwärter (zu Pre-Tests) antraten, wartet die hübsche Summe noch heute auf einen Empfänger. (Stand: Februar 2014.)[35]

---

35 Für Esoterik-Skeptiker ist das natürlich eine Steilvorlage. Doch wir wollen fair bleiben. Denn der Randi-Test *beweist* per se noch nichts.

In einer Ausgabe von Randis Fernsehsendung »Psychic Investigator« (Erstausstrahlung 1991) war das britische Medium Maureen Flynn zu Gast im Studio. Randi interviewte zunächst einen Kunden der Hellseherin. Der Mann bestätigte, mit Flynns Diensten zufrieden zu sein, und zeigte sich von den übernatürlichen Talenten des Mediums überzeugt.

Für das Folgende muss man nun wissen, dass Ms Flynns Hellsicht – wie in einem früheren Teil der Show zu sehen – sich unter anderem darin zeigt, dass ihr Namen zufliegen, die in einer Verbindung mit der Person des Klienten stehen. Mit diesen Namen konfrontiert sie ihre Kunden etwa auf folgende Weise: »Ich sehe da einen John oder Joe. Existiert da eine Verbindung?« Ferner: dass Randi vor der Ausstrahlung mit Einverständnis beider Beteiligten eine 30-minütige Sitzung Flynns mit dem erwähnten zufriedenen Kunden auf Tonband mitschneiden ließ.

Er liefert nur Indizien. Randi selbst hat das übrigens oft betont; in einem TV-Interview etwa sagt er sinngemäß: »Die Tatsache, dass wir noch keine Superkräfte gefunden haben, heißt nicht, dass es sie nicht geben könnte.« Gleichwohl sei es ein starker Hinweis. Zu den Hinweisen immerhin darf wohl auch zählen, dass es eine ganze Reihe weiterer Preise gibt, die schon ein Weilchen auf Auszahlung warten, auf alle, die den Nachweis übersinnlicher Fähigkeiten führen können. Solche Preise haben etwa ausgelobt: die Australian Skeptics (100 000 AU$), die Association for Skeptical Inquiry (12 000 £), die Independent Investigations Group (50 000 $), die North Texas Skeptics (12 000 $), die Quebec Skeptics (10 000 $), die Tampa Bay Skeptics (1000 $), die neuseeländische Gruppe Immortality (2 000 000 NZ$). Immerhin circa 30 Prüfverfahren hat seit 2004 auch die GWUP in Deutschland durchgeführt. Am mit 10 000 Euro dotierten »Psi-Test« beteiligen sich Löffelbieger, Rutengänger oder eine Frau, die beweisen wollte, dass sie schweben kann. Es ist nicht bekanntgeworden, dass es ihr gelungen wäre.

Nach dem kurzen Studiointerview mit Flynns Klienten präsentiert der Showmaster dem Publikum eine schriftliche Auswertung dieser Sitzung. Ms Flynn hatte folgende Namen wahrgenommen: Allen, Alfred, Alice, Ann, Bill, Charlie, Collin, Connie, David, Derek, Eileen, Ellen, Flory, Frank, Fred, George, Jim, Joe, John, Harron, Katherine, Kevin, Lillian, Lisa, Liz, Lynn, Mark, Mary, May, Michael, Rob, Ron, Shirley, Sidney, Stanley, Sid und Steve. Außerdem fragte Frau Flynn ihren Kunden, ob der irgendeine Verbindung zu einem Namen mit einem N oder L herstellen könnte. Was er verneinte.

Dass vermutlich jeder Brite, US-Amerikaner oder Australier jemanden kennt, der einen dieser 37 im Angelsächsischen überwiegend weitverbreiteten Vornamen trägt, oder jemanden mit einem L oder N im Namen, ist für uns hier weniger von Bedeutung. Interessanter ist, wie der Klient von Ms Flynn reagiert: ziemlich betreten. Er kratzt sich am Kopf und nennt die Aufzählung der Namen »right out of context«. Als man Rodney Beale vor der Show eine Liste der genannten Namen vorlegte, konnte er sich an neun erinnern, vor laufenden Kameras spricht er von »ungefähr einem halben Dutzend« – die, wie er auf Rückfrage des Moderators einräumt, zwar nicht alle richtig gewesen seien, doch alle hätten ähnlich geklungen. »Wie Doreen, Moreen, so in dieser Art«, sagt Beale. Bis zum Ende der Sendung – und vermutlich darüber hinaus – bleibt er offenbar von den Kräften Flynns überzeugt.

Dass Beale die Fähigkeiten Flynns in der Show verteidigt, kann eigentlich nicht verwundern; er verteidigt seine ureigene Überzeugung. Fassen wir noch mal zusammen: Rodney Beale hat nahezu alle Falschaussagen seines

Mediums vergessen, dafür erinnerte er sich bestens an ihre Treffer.[36]

Dass etwas Ähnliches auch Zukunftsmedien in die Hände spielt, dürfte klar sein. Die ungläubige Reaktion Flynns – die ihrerseits erst betreten danebensteht, als Randi Namen vorliest und sich durchs Alphabet vorarbeitet, dann bloß noch den Kopf schüttelt – legt nahe, dass der Effekt des selektiven Erinnerns Klienten und Medien gleichermaßen betrifft. Sie sitzen augenscheinlich derselben Fehlwahrnehmung auf, sobald sie im Brustton der Überzeugung erklären, so viele ihrer Prognosen seien eingetreten.

Dass selbst die spektakulärsten Falschaussagen die Geschäfte nicht ruinieren müssen, zeigt schließlich der Fall des US-Mediums Sylvia Browne, die im November 2013, während meiner Arbeit an diesem Buch, 77-jährig verstarb. Browne wurde unter anderem durch ihre Auftritte in der Montel Williams Show bekannt, einer Talk-Sendung, die zwischen 1991 und 2008 bei CBS lief und mit dieser verführerischen Kombination aus gutaussehendem schwarzem Moderator (Montel), Gossip und Voyeurismus aufwartete, mit Gästen, die sich seelisch selbst entblößten, und Reality-TV-Schockergeschichten der übelsten Sorte – kurz, mit Anlässen zum Fremdschämen und pikierten Wegschalten am laufenden Band. In der Regel war Browne in der Mittwochssendung zu Gast, und ihr Auftritt stellte praktisch

---

36 Einen möglichen Grund für das Phänomen liefert eine Psychologin in der Show; sie sagt: Wir erinnern uns vor allem an Dinge, die für uns eine Bedeutung besitzen. Flynn selbst weist in der Sendung alle Kritik zurück. Man könne alles analysieren, ihr Kunde sei mit den Diensten zufrieden.

einen Garanten dar für Tränen und schwarze Tage in Familienchroniken, denn in ihre Obhut begaben sich vor laufender Kamera tief verzweifelte Menschen: Eltern, deren Kind verschwunden war, Eheleute, die ihren Partner auf unerklärliche Weise verloren hatten und die die Frage nach der Todesursache quälte. Im Jahr 2004 war Louwana Miller zu Gast in Montels Show. Ms Miller vermisste ihre Tochter Amanda Berry; das Mädchen war zum Zeitpunkt der Ausstrahlung seit 19 Monaten spurlos verschwunden. Und nun überbrachte die Hellseherin der Mutter die denkbar grausamste Nachricht: »She's not alive, honey«, sagte Browne. »Your daughter's not the kind who wouldn't call.« Diese Botschaft nahm Louwana Miller mit ins Grab. Etwas mehr als ein Jahr nach ihrem Besuch in dem CBS-Studio starb sie an einer Herzerkrankung. Bis zu ihrem Tod hatte Ms Miller ihrer Tochter Amanda jedes Jahr ein Geburtstagsgeschenk besorgt.

Am Nachmittag des 6. Mai 2013 ging in der Telefonzentrale der Polizei von Cleveland, Ohio, ein *911*-Hilferuf ein. Am anderen Ende der Leitung war Amanda Berry. Sie und zwei weitere Frauen hatten sich nach zehn Jahren Gefangenschaft aus den Händen ihrer Entführer befreit.

Die Liste der tragischen Falschvorhersagen Brownes ist lang; sie umfasst unter anderem, wie sie 2002 von Montels Show-Couch aus den Eltern des elfjährigen Shawn Hornbeck erklärte, ihr Junge sei tot. Viereinhalb Jahre später kehrte Shawn gesund zu seiner Familie zurück, auch er war gekidnappt worden; wie sie 2002 weissagte, dass die verschwundene Lynda McClelland von einem Mann mit den Initialen M.J. entführt worden sei; Lynda sei am Leben, befinde sich in Orlando, Florida, und würde bald gefunden werden. Ein Jahr später wurde der Schwiegersohn der Vermissten wegen Mordes an Lynda McClelland verurteilt. Man fand ihre sterblichen Überreste in Pennsylvania in der Nähe ihres Hauses. Zu einer ganzen Reihe weiterer Nieten dieser Art kommen Fehlprognosen zu politischen und gesellschaftlichen Ereignissen.[37]

Bis kurz vor ihrem Tod war Sylvia Browne als Medium tätig und verdiente damit offenbar gutes Geld. Ihr anhaltender Erfolg erklärt sich wohl damit, dass sie Menschen etwas bot, das viel stärker ist als die Vernunft: Sie lieferte ihnen zumindest *irgendeine* Antwort auf jene Fragen, die ihre Kunden tagein, tagaus quälten.

***

Was die mir erstellten Prognosen betrifft, war es übrigens in beiden Fällen ebenfalls kein Ruhmesblatt für die Zunft. Fast ein Jahr nach dem angekündigten Datum warte ich noch immer auf den »größeren Geldbetrag«, der mich laut Wanda hätte im Februar oder März 2013 erreichen sollen. (Über dessen Quelle und genaue Summe sich die geistige Welt jedoch vornehm bedeckt gehalten hatte.) Und entgegen anderslautenden Vorhersagen *beider* Damen betreffs meiner Gesundheit, fand ich mich bereits vier Tage nach den Sitzungen in einer Lage, in der mir – betreffs meiner Gesundheit eben – gar nichts Gutes schwante: Es war mittags, und ich segelte durch die Luft. Ich war vom Sitz meines Fahrrads geschleudert worden, nachdem das Vorderrad blockiert hatte. Wie das geschehen war, weiß ich bis

---

37 Der Großteil der Vorhersagen Brownes ist jedoch wie bei allen Medien zu vage, um sie mit den Fakten abzugleichen.

heute nicht. Jedenfalls, *meine* in diesem Moment angestellte Prognose erwies sich als richtig, denn das Ergebnis war, dass ich mir bei der Bruchlandung die auf mich zugedrehte Lenkstange in die Rippen rammte, was mit einem knackenden Geräusch im Brustraum einherging.

2. Astrologie

Zur Einführung in das Thema Astrologie ein kleines, schmutziges Geheimnis aus der Medienbranche: Zeitungshoroskope werden von Journalisten geschrieben und sind frei erfunden. Aber vielleicht haben Sie sich das ja längst gedacht.[38]

Nicht so Profi-Astrologen. Denn Profi-Astrologen erfinden nichts, sie stellen Berechnungen an. Ob das allerdings wirklich einen Unterschied macht, wird schon eine Weile diskutiert.[39] Natürlich habe ich mir trotzdem mein

---

38 Zumindest haben mir drei Kollegen gestanden, sich als Astrologen betätigt zu haben. Einer kannte nicht mal seinen Aszendenten, ungelogen.

39 Nämlich schon ein paar tausend Jahre. Auf der EZW-Website ist zu lesen: »Im alten Rom […] fand die aus dem hellenistischen Kulturkreis übernommene Astrologie großen Zuspruch, aber auch scharfe Kritiker. Als *ars mathematica* gehörte sie zu den sieben Künsten, bis sie Kaiser Diokletian 294 aus dem Katalog der legitimen Wissenschaften streichen ließ. […] Vom Konzil von Toledo im Jahr 400 an galt sie nicht nur als wissenschaftliche Irrlehre, sondern auch als Häresie.« Unter modernen Wissenschaftlern gilt die Astrologie aus diversen logischen und wissenschaftstheoretischen Erwägungen als unhaltbar, weshalb es inzwischen auch nur noch wenige Forscher für wirklich angebracht und notwenig halten, Horoskope

Jahreshoroskop für 2012 erstellen lassen. Die naheliegende Frage will ich selbstverständlich beantworten: Mit viel gutem Willen sind fünf bis zehn Prozent eingetreten.

Warum die Leute Horoskope »unterhaltsam« finden, habe ich bei der Lektüre übrigens auch nicht begriffen. In meinem stehen jedenfalls dämliche Verlautbarungen drin, etwa: »Die Sterne versprechen Ihnen Anfang Mai romantische Momente, vor allem in der Liebe.« Oder: »Ihr steigender Stern sinkt.«

Allerdings habe ich später entdeckt, dass der Text von einem Computerprogramm geschrieben worden ist, was offenbar nicht unüblich ist. Fasziniert von dieser Information, nahm ich mir den Rotstift und ging die 35 Seiten ein zweites Mal durch. Ergebnis: Abgesehen von drei, vier Schnitzern ist daran wirklich nichts auszusetzen, was zur Abwechslung *ich* mal schwer mysteriös finde.

Wie auch immer, Astrologie ist bekanntlich beliebt, und glaubt man der Statistik, gehen 23 Prozent der Deutschen davon aus, dass die Sterne einen Einfluss auf ihr Leben haben.[40] Kein Wunder also, dass sich der Markt ausdifferenziert hat. Es gibt Tier-Astrologie, astrologische Personalberatung und Börsenastrologie, mancher Sternkundige hat sich in Wetterastrologie einen Namen gemacht, andere

einer eingehenden Prüfung zu unterziehen. Meist sind das dann Psychologen und Soziologen. Eine der wenigen Arbeiten zum Thema stammt vom deutsch-britischen Psychologen Hans Jürgen Eysenck (1916–1997) und seinem Kollegen David Nias, Titel der Arbeit: »Astrology: Science or Superstition?«. Ihr Ergebnis wissen sie mit liebenswerter britischer Zurückhaltung auszudrücken: Die Behauptungen der Astrologie seien »bestenfalls unbewiesen«.

40 Laut einer Studie des Statistischen Bundesamtes aus dem Jahr 2012.

erstellen gegen Geld Horoskope von Ländern, Währungen und politischen Systemen; und in Frauenzeitschriften habe ich Fitness-Horoskope entdeckt, ferner Diät-Horoskope, Beauty-Horoskope, Garten-Horoskope. (Hübsch ist die Ironie, die sich in dem Wort Börsenastrologe verbirgt, finde ich. Denn an der Börse wird – ganz genau: spekuliert.)

Ein Gutteil der in unserem jungen Jahrtausend tätigen Astrologen sind jedoch Generalisten, und diese haben den umfassenden Anspruch. Sie bezeichnen sich als »Lebensberater« oder »ganzheitliche Lebensberaterin«. Oder als »Astro-Coachs«, wenn sie auf die Business-Class-Klientel schielen. Wie in anderen Fällen auch, bieten die Berater mit den Antworten auf die ewigen Fragen (Wie soll man leben? etc.) zwar eher wenig – typisch sind nach meinem Eindruck Weisheiten nach Art der Poesiealbumsprüche –, doch Astrokunden kennen da offenbar nichts.

Und bei näherer Betrachtung ist das auch leicht zu verstehen, bietet doch die Lebensberatung generell etwas, das den Nerv der Zeit zu treffen scheint, etwas, das auch den Erfolg der Astroberater heutzutage miterklären kann.

Denn Beratung bedeutet immer Entlastung bei Entscheidungen. Es mag eine Plattitüde sein, aber Entscheidungen zu treffen gehört wohl wirklich zu den Vorgängen, die in unserer Welt schwerer geworden sind – schon weil die Menge der Optionen so furchteinflößend groß sein kann und die Instanzen, die einmal die Richtung vorgaben, gesellschaftlich marginalisiert sind; weil sich niemand mehr sagen lassen will, wie er zu leben hat. Nur, wie hat man zu leben? Die Frage mag einen schon ankommen. Psychologen aber, Steuerfachleute oder Eheberater können darauf naturgemäß nur bedingt Antworten geben. Womit eine Marktlücke beschrieben wäre, in der die Lebensberatung gedeihen kann.

Hat der Berater dann noch einen esoterischen Hintergrund, bietet er einen unschlagbaren Vorteil. Denn der Rat, den er übermittelt, kommt von *ganz oben*, aus dem Kosmos, von den Engeln, den Göttern und anderen letzten Autoritäten.

Die totale Erleichterung stellt sich ein, diese Annahme ist wohl gestattet, wenn man am Ende sogar *alle* Entscheidungen abtritt; wenn man sie auf einen spirituellen Führer überträgt. Betrachtet man es so, stellt sich allerdings auch die Frage, warum die Menschen den Sekten nicht in Massen die Bude einrennen. Aber das wäre noch mal ein eigenes Thema.

***

Nachtrag: Bei Astrologie-Fans, ja im Esoterikmilieu insgesamt, ist unter den Himmelskörpern der Mond der wahre Superstar, und sogenannte Mondkalender verkaufen sich wie warme Semmeln. Denn Mondkalender (A6, praktisch: für die Hosentasche) sind Ratgeber für die echten Zweifelsfälle des alltäglichen Lebens: Wann man sich die Haare schneiden soll, Wohnung putzen und auch, wann der beste Termin für die nächste Fußpflege ist, all das steht drin. (Merke: Befriedigende Resultate beim Schnippeln an Fuß- und Fingernägeln erzielt man meist nach Sonnenuntergang, denn das geht schon, wie ich in meinem Mondkalender las, aus alten Überlieferungen hervor.)

3. AstroTV

Die zeitgemäße Form wahrsagerischer Lebenshilfe (wenn man so möchte) bietet der Fernsehsender AstroTV.[41] Falls Sie das Programm nicht kennen: Der Astrosender bietet Call-in-TV mit Live-Kartenlegen und -Hellsehen, doch gibt es auch Sendungen, wo die ins Studio durchgeschalteten Anrufer ihren persönlichen Glückscode erhalten, in anderen übermitteln die Medien Botschaften des Lichts und so weiter. Und nebenbei bietet sich die Möglichkeit, von zu Hause aus die eigenen Sorgen vor einer anonymen Öffentlichkeit auszubreiten. Was dann das Zeitgemäße wäre.

Man mag derlei schwer nachvollziehbar finden, und manch einer wird sich angesichts des Geschehens auf dem Schirm fragen, wie man da nur anrufen kann. Doch es gibt auch eine bedrückende Komponente, und die besteht darin, wie clever die Maschen, mit denen AstroTV und Co. Geld generieren, in Wahrheit sind. Denn hinter dem, was sich auf der Mattscheibe so billig und durchschaubar darstellt, steckt ein kluges System, in welchem viele kleine Zahnrädchen effektiv angeordnet sind und geschmeidig ineinandergreifen, dazu angetan, den Kunden auszupressen.

Sehen wir uns Stufe eins an, die Call-in-Sendungen. Sie sind nur das bekannteste Angebot, aber führen oft zum Erstkontakt mit jener leise surrenden Service-Maschine.

---

41 Auf die Mitbewerber gehe ich hier des Platzes wegen nicht eigens ein. Sie ähneln sich ohnehin sehr.

Vielleicht ist es Ihnen ja möglich, eine typische AstroTV-Call-in-Sendung vor Ihrem geistigen Auge erscheinen zu lassen: Wir sehen ein Studio mit einem Tisch darin, dahinter eine Frau, die Tarotkarten mischt. Doch lenken wir zunächst unsere Aufmerksamkeit an den unteren Rand unseres mentalen Bildschirmabbildes. Dort ist der Hinweis eingeblendet, dass ein Anruf 50 Cent kostet. Nicht pro Minute, das sind bereits die Gesamtkosten. Was nach einer äußerst kundenfreundlichen Preispolitik klingt, erweist sich auf den zweiten Blick natürlich als nichts weiter als das bekannte Lockangebot nach der *-Methode. Tatsächlich ist es aber im Fall AstroTV so, dass Sie für diese 50 Cent in aller Regel rein gar nichts bekommen, der kleine Betrag wird jedes Mal fällig, wenn Sie die ebenfalls eingeblendete 0800-Nummer getippt haben und die Leitung aufgebaut ist.

Wie es das Gesetz zum Verbraucherschutz vorsieht, ist der entsprechende Hinweis auf dem Schirm zu sehen: Ganz unten in dem langen Laufband zuckelt er durch in winziger Schrift. Aber gut, das ist rechtlich offenbar drin und nur ein kleines Ärgernis.

Haben Sie die 0800-Telefonnummer gewählt, ertönt der Freiton. Direkt und jedes Mal. Doch das verheißungsvolle *Tuut, Tuut* bedeutet noch lange nicht, dass die Leitung auch wirklich *frei* ist und Sie, wie Sie jetzt vielleicht erwarten, sogleich den netten Berater von der Mattscheibe an den Apparat bekommen, der Ihnen Ihren Glückscode übermittelt oder Botschaften von Erzengel Metatron. Der Freiton ist nur ein kleiner Teaser, um Ihnen ein bisschen Hoffnung zu machen.

Tatsächlich ist ins Studio geschaltet zu werden letztlich

nichts weiter als der Hauptgewinn in einem Glücksspiel; wenn Sie die Nummer in die Tasten Ihres Telefons
drücken, ziehen Sie bildlich gesprochen ein Los. (Das sieht
übrigens auch die Landesmedienanstalt Saarland so. Für
die Geschäfte AstroTVs gilt ihr zufolge § 8a des Rundfunk-
staatsvertrages – die sogenannte Gewinnspielsatzung.)[42]

Also: Ein- oder zweimal läutet es, dann meldet sich eine
Frau mit launiger Animateurinnenstimme vom Band. Die
Banddame fordert einen erst mal auf, sich jetzt ein Gratis-
gespräch unter 0800/XXXXXXX zu sichern, was, nebenbei
bemerkt, nicht nur wie ein unmoralisches Angebot klingt,
es ist auch eines; aber darauf kommen wir noch. Was folgt,
ist, dass sie dem Anrufer mitteilt, der Zufallsgenerator habe
ihn diesmal nicht ausgewählt. Dies paradoxerweise so be-
schwingt, als sei es ein Glück. Und das war's. Mit einem
fröhlichen: »Dieser Anruf kostete Sie 50 Cent aus dem
deutschen Festnetz« wird man aus der Leitung gekickt und
dem traurigen Besetzt-Tuten überlassen.

Damit die Zuschauer trotzdem möglichst zahlreich anrufen und an das 50-Cent-Schnäppchen oder, sagen wir,
an die Chance, mit ein paar Euro dabei zu sein, glauben,
wird nach Kräften gesorgt. Zum Einwählen nämlich hei-
zen die Moderatoren ordentlich an. Im O-Ton klingt das
dann z. B. so:

»Also jetzt ran ans Telefon! Ohne Sie geht gar nichts.
Ich brauche Sie, Ihre Stimme und Ihre Frage! Wie viele
sind jetzt schon beim ersten Mal durchgekommen!?«

Der letzte Satz verdient eine besondere Betrachtung.

---

42 So Gerd Bauer, Direktor der Landesmedienanstalt Saarland, in einem Interview mit der Zeitung *Die Welt* vom 24.7.2009.

Denn auch dahinter verbirgt sich eine Masche. Doch vielleicht sollte ich zum besseren Verständnis erklären, dass die Durchgestellten vom Moderator zunächst genau dies gefragt werden: *wie oft* sie es versucht hätten, und fast immer geben sie ein »Einmal« zur Antwort. Nur bisweilen plaudert eben jemand die Wahrheit aus: dass er es anderntags Gott weiß wie oft probiert hat.

(Übrigens: Tele-Dienstleistern ist es gesetzlich verboten, zu wiederholten Anrufen zu animieren. Soweit ich es beobachten konnte, wird das befolgt – vorausgesetzt allerdings, man legt den Gesetzestext eher großzügig aus. Eine Variante der Regelungsdehnung ist das vorerwähnte dauernde Vorführen des eigenartigen Anrufglücks der anderen, eine weitere die angeblichen »leeren Leitungen«, welche von den medialen Beratern andauernd geradezu beschworen werden. Und Medium Petra hält sich ihre Kunden in den Leitungen, indem sie darauf besteht, dass leider nur eine Frage pro Anruf möglich sei. Wenn Ihnen noch was auf der Seele brennt, so Petras Rat in ihrer Sendung vom 3. Juli 2013, drücken Sie halt die Wahlwiederholungstaste und versuchen Ihr Glück noch einmal.)

Wie prima sich mit diesen Methoden Zaster machen lässt, dass also das Anheizen am Schirm funktioniert und das fernmündliche Abgespeistwerden offenbar viele Leute nicht abschreckt, zeigen beispielsweise AstroTV-Mitschnitte, die im Internet kursieren. 60-mal habe sie sich eingewählt, berichtet etwa eine Elfriede (76 Jahre alt, mit der goldigsten Omastimme seit *Golden Girl* Rose Nylund) *on air*. Eine Anruferin namens Helga schafft es in der Sendung vom 8. Juli 2013 – es ist 13.35 Uhr – nach »über einem Jahr« zum ersten Mal. Nach meinem Eindruck aus

6,5 Stunden AstroTV-Zuschauerschaft, verteilt auf vier Wochen, sind das keine Einzelfälle, es gibt vielmehr so einige Daueranrufer wie sie.

Dass die lose Zunge jener Anrufer ziemlich sicher unangenehm ist, ist klar. Doch wie umgehen mit den verräterischen Plaudertaschen? Mit Karin zum Beispiel, die es nach (nur) 20 Versuchen auf Sendung schafft, wie sie sagt? Bei AstroTV hat man da verschiedene Lösungen gefunden. Karins Beraterin Michaela zum Beispiel kontert: »Bist du schon mal auf die Idee gekommen, dass dann vielleicht so ein Moment ist, wo die geistige Welt sagt, da passt die Beratung nicht ganz?«

Um meiner journalistischen Sorgfaltspflicht nachzukommen, habe ich natürlich selbst bei der Hotline angerufen. 25 Versuche durchzukommen, verteilt auf fünf Tage, blieben erwartungsgemäß – genau.

Angesichts all dessen drängt sich eine Frage auf: Warum eigentlich ist das so? Warum muss ein einarmiger Bandit vor eine Dienstleistung geschaltet werden? Einer Dienstleistung, für die man ja auch einfach einen Betrag x ansetzen und offen und ehrlich kommunizieren könnte. Nur einen Grund kann ich mir persönlich vorstellen: mehr Geld. Es muss einfach viel ergiebiger sein, aus einem »Service« ein mieses kleines Glücksspiel zu machen.

Aber warum macht man da überhaupt mit? Wie kann man so blauäugig sein, bei AstroTV und Co. mehr als einmal anzurufen? Mir selbst sind solche Fragen nicht fremd. Und auch ich hatte den Gedanken, wer wiederholt die Astro-Nummer wählt, ist eben selber schuld. Doch etwas tief in mir will sich mit so einem Denken nicht abspeisen lassen. Warum? Man muss sich nur vor Augen führen, *wer* da in den Leitungen hängt: Menschen, die erzählen, dass sie seit Jahren allein sind und sich nach einem Partner sehnen, andere, bei denen die Kümmernisse in jedem Wort mitschwingen, Witwen, Langzeitarbeitslose, Angehörige von Schwerkranken. Nirgends – außer vielleicht noch in einer Krisenhotline – bekommt man solche Geschichten so oft zu hören; Schicksale in zwei Sätzen.

Vorerst will ich es so sagen: Man kann von Wahrsagern wie Wanda oder Sonja halten, was man will, doch wer einen Termin bei Damen wie ihnen bucht, der weiß doch zumindest im Voraus, wie viel er für den Spaß berappen wird. Und: Er wird für sein Geld eine handfeste Leistung erhalten.

Aber vielleicht wird meine Verärgerung verständlicher, macht man sich klar, dass das nur der Anfang ist. Die Geldbeschaffungsmethoden des Fernsehens der Zukunft sind tatsächlich weit ausgebuffter und setzen ihre Hebel umfassender an. Womit wir bei Stufe zwei wären: dem Eins-zu-eins-Talk.

Denn in Wahrheit dient jene am Schluss einfach nur deprimierende Show mit ihrer Baumarkt-Fernsehen-Anmutung und den so einfühlsamen Beratern, denen schon mal vor Anteilnahme »die Gänsehaut läuft«, die ihre Kundinnen mit »Hallo, du Liebe«, begrüßen und mit »von ganzem Herzen, du Liebe« abmoderieren – anscheinend dient das alles vor allem als Reklame-Veranstaltung für einen vermutlich weit gewinnträchtigeren Service aus dem Hause AstroTV, der eben nicht in aller Öffentlichkeit stattfindet. (Was der Mehrheit der Kunden letztlich auch eher entgegenkommen dürfte und schon von daher ein Anreiz ist, sich ihm zuzuwenden, aber das nur nebenbei.) Der wirklich große Reibach wird nämlich wohl eher nicht mit ein paar Ein- oder Zweimalanrufern oder den angefixten, in den Leitungen hängenden Dauerkunden des Call-in-Programms gemacht, jenen, die dem vermeintlichen Schnäppchen-Angebot wieder und wieder auf den Leim gehen. Das AstroTV-Prinzip setzt anscheinend darauf, dass Anrufer wie ich, die x-mal nicht zum esoterischen Berater hinter der Mattscheibe durchgedrungen sind und, von dem Animateurinnen-Mäuschen mit der Pornostimme verarztet, ins fernmündliche Nirwana gekickt wurden, infolge von Frustration und irrigen Sparüberlegungen auf die besagte Eins-zu-eins-Seelsorge durch einen Stab an esoterisch kompetenten Damen und Herren ausweichen. Ein Service, der z. B. detailliert über die Website des Unternehmens beworben wird. Für einen Minutenpreis von 0,51 Euro bis 2,99 Euro wartet jener Trupp von aktuell 1700[43] Esoterikseelsorgern an Telefonapparaten und bietet fernmündlich sämtliche wahrsagerische Beratungsschikanen an – vom Glaskugelblick über Kartenlegen bis zur Hellsicht ohne Hilfsmittel. Im Preis enthalten: Seelenmassage und liebevolle Zuwendung. Bei ihnen, im Eins-zu-eins-Talk, generiert das Unternehmen wohl den eigentlichen Schotter. Und hier werden auch die Schulden im großen Stil gemacht: Bekannt wurde der Fall einer Frau, die mehrere zehntausend Euro bei AstroTV vertelefonierte. Dass sie die Einzige ist, darf man anzweifeln.[44]

---

43 Laut der Questico-Webseite www.questico.de, Stand: Juli 2013.

44 Wie groß die Zahl der tatsächlich Abhängigen und an den Rand des Ruins Getriebenen ist, bleibt indes unklar. Höchstwahrscheinlich bilden solche Extremfälle allerdings wirklich die Ausnahme.

Das dritte Zahnrädchen ist schließlich das vorerwähnte 0800-Gratisgespräch. Hier, im Kostenlos-Talk, wird der Kunde auf den Geschmack gebracht, werden neue Klienten gewonnen. Das »Gratis«-Gespräch gibt es allerdings nicht etwa für umsonst, sondern nur gegen die persönlichen Daten. Die Einwilligung, sich den Briefkasten mit Werbung vollstopfen zu lassen, muss man jedoch nicht geben.

Dass das System für den *Sender* funktioniert, mag man ernüchternd finden, doch eigentlich ist es nur logisch und ein Ausweis dafür, dass man es bei AstroTV vorzüglich versteht, Glaube, Aberglaube, Verzweiflung und ängstliches Hoffen in Geld zu verwandeln – was ja an der gewerbsmäßigen Esoterik insgesamt das einzige Magische ist.

Vielleicht wird man weiterhin verständnislos den Kopf schütteln und Anrufe bei dem Sender mit einer grenzenlosen Naivität in eins setzen. Das ist natürlich absolut verständlich. Doch rufe man sich einmal einen Menschen in die Vorstellung, der Kümmernisse hat und fest an die Theorien der Esoterik glaubt. Dann sehe man sich an, wie die Versprechungen lauten. Über AstroTV-Beraterin Angela G. zum Beispiel heißt es auf der Website des Unternehmens:

»[g]anz gleich, welche Sorgen Sie drücken, welche Frage Ihnen auf der Seele brennt: Angela ist für Sie da und findet auf alles eine Antwort und einen Lösungsweg.«

Oder Sie rufen Andrea S. an, die nämlich

»unterstützt Sie dabei, Ihr Leben wieder in geregelte Bahnen zu lenken.«

Und wenn Sie mehr der Papa-Typ sind, freut sich über

Ihren Anruf Bernhard K., der »mediale Fähigkeiten mit Rationalität und viel Lebenserfahrung kombiniert«.[45]

Und so weiter. Wenn ich richtig gezählt habe, ist das häufigste Adjektiv in den hier zitierten Kurzporträts der Profi-»Berater« übrigens »liebevoll«, gefolgt von »herzlich«. Angesichts der seelischen Lage, der emotionalen und bisweilen wohl auch wirtschaftlichen Not eines gewissen – und allem Anschein nach: nicht so kleinen – Teils der Anrufer ist das als Werbemasche logischerweise wahnsinnig erfolgversprechend.

Aber genug des Frustes. AstroTV hat auch Methoden drauf, die fast schon unterhaltsam sind. An Medium Hilli können wir z. B. sehen, dass es immer von unbezahlbarem Wert ist, wenn wir als Inhaber von Phantasiekräften etwas liefern können, das sich prinzipiell mit einem Beweis für die Kräfte verwechseln lässt. Dabei gehen wir ganz gelassen unverfroren vor und nutzen kreativ vorhandene Hilfsmittel, z. B. die Möglichkeiten moderner Telekommunikationstechnik. (Meine These und die einiger anonymer Internetschreiber, Beweise haben wir nicht.)

Hilli ist nämlich zu etwas in der Lage, das durchgekommene Anrufer regelmäßig unüberhörbar verdutzt hat: Sie sagte ihnen unvermittelt, woher sie anriefen. Wie Hilli das wissen kann? Nun, Sie können zwischen zwei Erklärungen wählen: Entweder die geistige Welt hat zu unserem Medium gesprochen und verriet Hilli z. B., dass die eine Anruferin aus einer »Stadt an drei Flüssen« kommt *(Bingo, geistige Welt! Die richtige Antwort lautet: Passau)*

---

45 Quelle: www.astrotv.de, im Juli 2013.

oder dass sich eine andere Anruferin aus einer Landeshauptstadt meldet, in der bald Wahlen abzuhalten sind *(Schon wieder ein Volltreffer: Düsseldorf!)*. Oder, und das wäre dann Erklärung zwei, Hilli, ein Redakteur oder sonst wer von AstroTV erkannte es an den Telefonnummern der Anrufer.

Unübertroffen sind jedoch die AstroTV-Shoppingsendungen mit ihren fabelhaften Produkten. Also flugs hineingezappt in die glorreiche AstroTV-Shopping-Welt. Dort bekommen wir zum Beispiel: das Reichtumskonzentrat.

Das Reichtumskonzentrat, eine waldmeistergrüne, wässrige Lösung, die in einem durchsichtigen Anhänger geliefert wird (Form: »Wikingerzahn«), wird präsentiert von einem gewissen Prinz Mario-Max zu Schaumburg-Lippe. Laut Schaumburg-Lippe hilft das Konzentrat, die »Reichtumsenergien« zu erhöhen. Oder in den Worten des Prinzen:

»Tut ganz, ganz stark und intensiv eure Reichtumsenergie beeinflussen und in dem Sinn manipulieren, dass es euch so richtig, richtig gutgeht.«

Nun ist es aber so, dass nicht jedermann dafür bestimmt ist, dieses Mittel auch zu besitzen. Doch ein Test verrät, wer auserwählt ist, wie die Zuschauer in der folgenden Szene erfahren.

Der Prinz hält in jener TV-Aufzeichnung eine Metallbox in die Kamera, in welcher der Plexiglashauer mit der Lösung geliefert wird. Bitte führen Sie sich vor Augen, dass wir uns in einem Fernsehstudio befinden, die Beleuchtung ist also, sagen wir, einigermaßen grell. Offenbar bemerkt der Prinz auf dem Kamerabild-Bildschirm – so etwas steht in jedem TV-Studio –, dass die Schachtel hell aufblitzt und funkelt. Sie reflektiert das Licht der Scheinwerfer – doch das ist die Interpretation eines Skeptikers. Der Prinz aber sagt:

»Oh, da sieht man richtig die Energie, die hier durchstrahlt.«

Und das bringt Schaumburg-Lippe auf eine Idee. (Man kann ihm richtig *ansehen*, dass er in diesem Moment einen Einfall hat.) Nämlich:

»Das ist jetzt ein ganz interessanter Test aus der Reichtumsforschung.«

Und der geht so:

»Wenn hier diese Dose bei euch zu Hause ankommt, als leuchtender, strahlender […] Lichteffekt, dann seid ihr geschaffen für diesen Anhänger. Dann […] habt ihr von mir die Bestätigung, dass der Reichtumsanhänger bei euch loslegen kann.«

Nur damit das klar ist: Auserwählt sind die, bei denen es funkelt. Und wirklich nur die.[46]

Mehr? Die Liste der glorreichen AstroTV-Produkte ist nämlich schier endlos. Bei AstroTV bekommen Sie z. B. »Düfte, die Ihr Leben verändern können«. Okay, das klingt erst mal nach gewohnter Werbelyrik, aber es handelt sich nicht um die bekannten Riechwässer für den Einsatz an der Pheromon-Front, sondern um ein Energie-Raumspray-

---

46 Sollte es bei Ihnen aus einem mysteriösen Grund nicht funkeln, weichen Sie einfach auf das Geld-Magnet-Öl aus. Zieht Reichtum an. (Erhältlich in diversen Webshops.)

Set, bestehend aus den Sprays *Lichtkörperprozess Energiequelle* und *Sphärenharmonie*. Oder wie wäre es mit dem Magnetschmuckanhänger *Kleeblatt Glücksbewahrer*, mit dem Sie glückliche Momente magisch anziehen werden? Oder: dem *Feenstaub* von AMQ, der aus Atlantis stammt? Vielleicht möchten Sie auch Ihrem Liebesleben wieder ganz neuen Schwung geben? Dann ist das Ritual-Ei *Feodosia (Erotische Ausstrahlung)* genau das Richtige für Sie. Wie wär's mit der *Einkaufswagen-Glücksmünze?* Und durchleben wir nicht alle Momente der Niedergeschlagenheit? Uralte Verletzungen sitzen tief und bestimmen unser Handeln ein Leben lang. Befreien Sie sich! Es ist so einfach: Mit dem *Engel Vital Armband »Heilung des inneren Kindes«.*

Da ich dies hier schreibe, ist übrigens gerade »Spiritueller Sommerschlussverkauf« (SSSV) bei AstroTV mit Schnäppchen, die kein schlagendes Herz kaltlassen werden. Im Angebot zum AstroTV-Sonderpreis von nur 79,95 Euro zum Beispiel sind die *Diamonds of Eternity – Reichtum grün.* Jeder dieser Glassteine wird von AstroTV-Premiumberater Daniel Kreibich, Zitat: einzeln »mit der Energie von Bermuda verbunden«. Kreibich (eine »weltweite Koryphäe und Kapazität in der Karmaforschung«) bietet jedoch ein ganzes Sortiment an *Eternity*-Steinen an, darunter auch den *Wish Diamond.* Und der ist *die* Revolution bei der Wunschbestellung ans Universum. Denn, so dürfen wir lesen, er stößt alle negativen Energien ab, die Ihren Herzenswunsch verhindern. Hinterlassen Sie einfach auf dem Fingerprint-Technology-Feld der mitgelieferten persönlichen Wish-ID-Karte Ihren Daumenabdruck, dann schreiben Sie Ihren Wunsch an die Schicksalsmächte auf und schicken die Karte postwendend an Daniel Kreibich. Der aktiviert für Sie den Stein mit dem Wunsch, und umgehend wird Ihr Anliegen »permanent direkt« ins Universum gesendet. Und so weiter und so fort.[47]

Mit der Telefonberatung, dem AstroTV-Shop, seinem Magazin *Zukunftsblick* und weiteren Angeboten hatte der AstroTV-Mutterkonzern, die Questico AG), bei Jahresabschluss 2007/08 einen Umsatz von rund 63 Millionen Euro erwirtschaftet (Quelle: *Die Welt*). Laut Bundesanzeiger belief sich die Dividende ihres Nachfolgers, der adviqo AG, im Geschäftsjahr 2010/11 auf über 90 Millionen Euro.

---

47 An anderer Stelle bin ich allerdings auf ebenso denkwürdige Produkte gestoßen, z. B. auf das Basenbad Clean Spirit der Firma Astro Well. Der Badezusatz simuliert laut Werbung das Fruchtwasserbad und gibt so verlorenes Urvertrauen zurück. Hübsch auch: das Auraspray. Allein wie der Produktname zu verstehen ist, ist mir schleierhaft. Persönlich stelle ich mir in Schale geworfene Single-Männer vorm Badezimmerspiegel vor, die sich vor dem Ausgehen noch rasch ein bisschen Aura aufsprühen.

IV.
Engel, Geister und Co.

1. Hineinrufung

Der Ort, an dem uns der Engel erscheint, ist der Seminarraum einer Berliner Villa. Die Zeit: 19.55 Uhr. Das Trance-Medium krampft am ganzen Körper und fuchtelt mit den Händen, während es zugleich ein gläserzerklingendes Fiepen von sich gibt; was 20 Damen mit Perlenketten und feiner Abendgarderobe interessiert betrachten. Die Damen sind alle 60 plus. Zwei Minuten dauert diese »Hineinrufung« (auch »Invokation« genannt), dann kommt das Medium, Frau Müller, zur Ruhe. Dramatisch wankend steht sie da und gibt dunkle tierische Laute von sich.

Und der Engel spricht zu uns.

Der Engel grüßt. Und erklärt, dass wir alle wertvolle Geschöpfe sind. Wir würden geliebt und dürften uns des Schutzes der himmlischen Mächte gewiss sein, egal was uns geschehe, und so weiter in dieser Art. Dass der Cherub einen bayerischen Dialekt hat, findet außer mir offenbar niemand komisch. Man lauscht im Gegenteil den Worten gefangen, und die Frau neben mir ist wirklich tief ergriffen.

Nach wenigen Minuten bereits zieht sich der Engel wieder zurück. Das Medium wirkt wie aus einem Traum erwacht, und nach einem kurzen Moment der Orientierungslosigkeit erscheint Frau Müller etwas aufgelöst, und sie bedeckt ihre Augen, um sich zu sammeln, um sich zu fassen.

Ein bisschen wird noch geredet, darüber, was die Erfahrung mit einem »gemacht« habe, und dann geht es ums Geschäft. Frau Müller klappt ein Köfferchen auf und präsentiert: ihre Kollektion an »Engelessenzen«. Kleine Flacons und Fläschchen, die sie mit elegant gespreizten Fingern hält. Von nun an agiert eine Sales-Fachfrau.

Wie zu erfahren ist, handelt es sich um Tinkturen, die Engelpower pur besitzen und in allen denkbaren Problemlagen Lösung versprechen. Der Inhalt des ersten Fläschchens (mit Pumpzerstäuber) zum Beispiel verringere die Bereitschaft, sich energetisch schwächen zu lassen, Schrägstrich sich die Sorgen anderer aufzubürden. (Nicken und *Hach-ja*-Seufzen im Auditorium.) Die Anwendung empfehle sie, so Frau Müller, besonders vor und nach Besuchen in Krankenhäusern und psychiatrischen Kliniken. Alternativ verwende man *nach* dem Besuch in Heilanstalten aller Art den Spray der Sorte »Feinstoffliche Reinigung«.

(Wie ich später recherchiere, gibt es Engelessenzen, die »beim Loslassen« helfen oder Freude am Leben erzeugen; es gibt aber auch Sorten gegen Hormonprobleme und Menstruationsbeschwerden und welche, die bei Abortus gesprüht werden sollen; manche unterstützen den Säugling angeblich bei der »Verarbeitung der Geburt«; wieder andere das größere Kind bei der Ankunft des Geschwisterchens; es gibt aber auch Engelessenzen für die Eingewöhnungsphase im Kindergarten, andere helfen bei der Verarbeitung der ersten Schultage, in der Pubertät, bei Panik, bei Depression und nach OPs, bei belastenden Gedanken und vor Urlaubsreisen, denn Engelessenzen sind *der* energetische Schutzwall für das Auto, sind die Medizin gegen den Jetlag schlechthin und dienen zur ätherischen Reinigung des Hotelzimmers.)

Dass Leute auf so was anbeißen und die Damen Frau Müller das Zeug später nur so aus den Händen rissen, wunderte mich vielleicht damals, aber mittlerweile wundert mich gar nichts mehr. Oder vielmehr müsste ich sagen: Das wunderte mich jetzt nicht, denn ich weiß jetzt, dass Engel in der Esoterik-Szene als Dienstleiter gelten, die man in jeder Notsituation anrufen kann, aber eben auch wegen jedem Mist. Und ich habe später, nämlich am Schluss der besagten Veranstaltung, einer Frau zugehört, die einer anderen erzählte, erst heute habe ihr *ihr* Engel wieder beigestanden. Es war im völlig zugeparkten Olivaer Kiez, wo sie ihn verzweifelt anrief. Und siehe, er erhörte sie in ihrer Not und beschaffte ihr den gewünschten Parkplatz.[48]

Varia: Laut einer vom Magazin *Geo* im Jahr 2005 in Auftrag gegebenen repräsentativen Umfrage glauben 66 Prozent der Deutschen an Schutzengel. Zwei Prozent mehr als an Gott. Regen Zulaufs erfreuen sich die Engel-Fan-Treffs »Engelkongress« (seit 2004) und die »Engeltage« (seit 2010). Die Zeitschrift *Engelmagazin* erscheint zweimonatlich in einer Auflage von beachtlichen 65 000 Stück

---

[48] Zugegeben, der Berliner Olivaer Kiez ist für Autofahrer wirklich so etwas wie das Hippodrom-Zelt für Oktoberfestgäste: Es muss schon mit höheren Mächten zugehen, wenn man da zu Stoßzeiten einen Platz bekommt.

(MD: Januar 2011). Und Bücher wie »Dein Engel und du« oder »Engel reden Klartext« feiern, wie ich höre, große Erfolge.

2. Kontakt mit dem Jenseits

Einige Wochen nach jener Hineinrufung begegnete mir noch einmal ein Engel. Das war, als ich mich im Internet auf der Suche nach einem Medium befand, das den Kontakt ins Jenseits für mich herstellen würde. Da sah mich Jutta an. Ein zartes Wesen, wie von überirdischen Sphären hinabgestiegen, mit lockigem Haar und schräggelegtem Kopf. (Dies alles in Weichzeichneroptik, was den jenseitigen Eindruck noch einmal verstärkte, denn der Effekt verleiht Fotografierten ja bekanntlich immer so etwas leicht Entrücktes.) Sie sollte für mich die Verbindung herstellen zur anderen Seite.

Offen gesagt, war mir bei der Sache aber nicht ganz wohl. Was ich jedoch zu meinem eigenen Erstaunen feststellte, denn ich hielt – und halte – Jenseitskontakte für Wunschdenken. Zumindest stelle ich mir vor, dass die Toten etwas Besseres zu tun haben, als sich mit dem vorübergehenden Kram hier unten zu beschäftigen – und zu antworten, nur weil man sie mal ruft. Und trotzdem hätte ich den Versuch mit niemandem unternehmen wollen, der mir sehr nahegestanden hatte. Eine Entdeckung, die meinen Agnostizismus in einem sonderbaren Licht erscheinen ließ. Wie auch immer, ich entschied mich für meinen Onkel R.

Onkel R. war ein Jahr zuvor während einer Chemotherapie gestorben. Er wurde 66 Jahre alt. Wir hatten uns

eigentlich in den letzten 20 Jahren nur noch auf Hoch-
zeiten gesehen, bei Beerdigungen und zu runden Geburts-
tagen. Und auch wenn wir diese Art von Kaffee-und-Ku-
chen-Verhältnis hatten und ich ihn kaum kannte, mochte
ich meinen Onkel. Mir gefiel sein anarchistischer Humor,
seine Kindsköpfigkeit, und als kleiner Junge gefiel mir besonders sein Humpeln, die Spätfolge einer Polio. Mit sieben oder acht hatte man mir beigebracht, dass er in Wahrheit ein Held war, weil er den Alkohol bezwungen hatte.
Und eigentlich sehe ich das bis heute so. Der Mensch gewordene Engel Jutta und mein stets zu zersetzenden Spä-
ßen aufgelegter Onkel würden also zusammenkommen –
oder auch nicht.

Die Terminabsprache für mein nekromantisches Experiment brachte mich dann allerdings in eine saublöde Situation, in echte Verlegenheit. Das kam so: Ich rief bei Jutta
an, und es meldete sich am anderen Ende der Leitung ein
Mann, mit der faszinierendsten Pintenwirt-Stimme, die
ich jemals gehört habe. Also fragte ich den mutmaßlichen
Kettenraucher und Wirkungstrinker, ob denn seine Frau
da sei – worauf er antwortete: »am Apparat«.

Jetzt hatte ich natürlich das Problem, wie elegant wieder herauskommen aus so einer peinlichen Lage, doch
als absoluter Profi ging Jutta dankenswerterweise einfach
darüber hinweg. Wir vereinbarten einen Termin für Freitag.

Freitag, es ist früher Nachmittag. Juttas Arbeitszimmer,
gelegen im Keller ihres Hauses, strahlt hell wie ein Leucht-
kasten. Die Wände sind weiß gekalkt, weiß blitzend ist der
Fliesenboden und weiß lackiert das Mobiliar, überall ste-

hen weiße kindergesichtige Porzellanengel herum. Weiße
Kerzen brennen. Für Atmosphäre sorgt eine CD mit Wal-
gesängen – ein sehnsuchtsvoller, geradezu geisterhafter
Klang. Mit anderen Worten, hier fühlt sich der Kunde bereits selbst dem Jenseits nah.

Wir hocken in einer Sitzecke, und Jutta (in Kranken-
schwesterweiß) glotzt aus sperrangelweiten Augen ein Foto
meines Onkels an. Wahrscheinlich eine erste Kontaktauf-
nahme. Sie nimmt es herunter und fragt mich, warum ich
mit ihm sprechen will. (In echt ist Juttas Stimme übrigens
kein bisschen weniger beeindruckend, im Gegenteil. Und
trotzdem fabriziert sie damit irgendwie einen warmen Ton.)
Ich erzähle – wie auch schon zuvor am Telefon –, dass ich
meinen schwerkranken Onkel zuletzt nicht mehr besucht
habe, weshalb ich mir Vorwürfe mache und nun einfach
mal hören möchte, wie es ihm so geht dort oben. Das mit
den Vorwürfen ist zwar leicht übertrieben, aber auch nur
leicht, im Prinzip stimmt es irgendwie. Jutta, die mich ansieht, als wären wir seit Jahrzehnten beste Freunde, knat-
tert einfühlsam *m-h-h-h*, *m-h-h-h*.

Der Versuch, mit Geistern zu korrespondieren (denn
das sind die Seelen der Toten; wenngleich es auch andere
Geistersorten gibt), ist vermutlich so alt wie die Menschheit selbst. Als neuzeitliche und für uns relevante Strömung
gilt der sogenannte Spiritismus. Religionshistoriker setzen
normalerweise 1848 als dessen Geburtsjahr an. Damals hatten die Töchter des US-Farmers John Fox, Margaret und
Kate, in Rochester, New York, vor Zuschauern einen Kontakt ins Jenseits hergestellt. Die Mädchen klopften auf einen Tisch – und der Geist klopfte zurück. Dass es Mogel-
ei war, kam 1888 heraus: Margaret Fox gestand, dass die

Schwestern selbst geantwortet hatten, indem sie mit den Zehengelenken knackten. Doch das konnte die Mode, die ihr Auftritt ausgelöst hatte, nicht mehr stoppen. Dies- wie jenseits des großen Teichs waren eine Unmenge an spiritistischen Zirkeln entstanden; man traf sich zu »Séancen« und klopfte auf Wohnzimmertische, um mit Untoten zu morsen. Bald kamen neue Verfahren auf, das automatische Schreiben (Sawicki) etwa oder das Tischerücken. Einige der neuberufenen Medien nutzten das Ouija (auch Witchboard genannt), ein Brettchen mit aufgedrucktem Alphabet und einem »Ja«- und einem »Nein«-Feld, über welches man wie beim beliebten Gläserrücken mit einer Art Zeiger fährt. Bis heute ist solcherlei eine verbreitete Passion, und Fachleute gehen von derzeit 100 Millionen Spiritisten weltweit aus.[49] Der Großteil wirkt in Südamerika, heißt es. In Deutschland dagegen sind Jenseitskontakte inzwischen ein eher kleines Phänomen, aber auch nicht so klein: Allein in Berlin findet man Dutzende Anbieter.

In Juttas Praxis geht es nun los, das Medium holt ihre »Antenne zur Totenwelt« hervor. So nennt Jutta ein Stück Schnur mit einem Sternchen dran, welches sie rotieren zu lassen beginnt.[50]

Und während Jutta mich mit ihrer Totenantenne in eine

---

49 Vgl. u.a. Matthias Pöhlmann: »Spiritismus«, in: EZW-Lexikon, 2011.

50 Ich vermute allerdings, das Ding hat eine ganze andere Funktion. Ich nehme an, es dient dazu, mich mental auszuschalten. Denn, wie schon erwähnt: Eine leichte Trance ist einfach zu erzeugen. Man muss im Prinzip bloß einen monotonen Reiz herstellen. Auch kennt man etwas ganz Ähnliches wie Juttas Schnürchen vom Hypnotiseur: das berühmte Pendel, das er dem Patienten vor der Nase hin- und herschwingt.

leichte Trance versetzt, guckt sie mit warmherzigem Blick das Bild von Onkel R. an. Eine Weile passiert nichts weiter. Und dann geht es ganz schnell.

»Er ist jetzt da«, sagt Jutta. Onkel R. stehe direkt hinter mir. Es ist ein festlicher Tonfall, den sie dabei anschlägt, ähnlich dem meiner Mutter damals, wenn sie ins Kinderzimmer kam und hauchte: »Das Christkind war da.« Unnötig zu erwähnen, dass ich mich umdrehe und – wie damals, als ich auf Socken ins Wohnzimmer stürmte, um noch einen Blick zu erhaschen – nichts sehe. Jutta lächelt verständnisvoll und irgendwie fürsorglich.

Um zu hören, was ein Geist so flüstert, muss anscheinend der Kopf zur Seite gelegt und das Kinn vorgeschoben werden, so als ob man angestrengt lauscht. Jutta nickt sogar, stumm, wie man es manchmal am Telefon tut.

Was ich zu hören bekomme, ist dann genau das, was mutmaßlich jeder in einer Lage wie der meinen hören wollen würde. Nämlich erstens, es gehe R. gut da, wo er jetzt sei, und zweitens, er trage mir nichts nach. Aber was auch sonst.

Ungefragt übermittelt sie mir die Botschaft, dass er auch schon Pläne fürs nächste Erdenleben schmiede. Onkel R. will Arzt werden und lernt den Job gerade in einem Wolkenkrankenhaus. Mit dem enormen Wissen, das die da oben haben, so Jutta, wird er dereinst die Menschheit von der Geißel des Krebses befreien. (Die tröstliche Botschaft, die mir also *en passant* vermittelt werden soll: Sein Krebstod war nicht umsonst.) Daraufhin erhält das Medium Eingebungen hinsichtlich R.s Witwe, des Erbes und ein paar familiärer Ponderabilien, wobei vor allem deutlich wird, dass Jutta bei unserem Vorgespräch vergangenen Dienstag gut zugehört hat.

Eine halbe Stunde vergeht auf diese Weise, dann will sie wissen, ob ich noch Fragen an meinen Onkel hätte (der sich übrigens besonders freut, von mir zu hören). Aber für mich sind alle Fragen beantwortet.

Ehe Jutta aber die Verbindung kappt, spitzt sie noch mal die Ohren, denn R., sagt sie, habe noch eine Botschaft für mich: Er finde gut, sagt Jutta, dass ich mich neuerdings mit der geistigen Welt beschäftige, ich möge diesen Weg weiter beschreiten. Und als ich tschüs gesagt hatte zu meinem Onkel, den ich plötzlich doch etwas mehr vermisste als zuvor, traf es sich, dass Jutta noch mehr Dienste in der Art im Angebot hatte, worüber sie mich dann noch ausführlich informierte.

***

Auch wenn der Spiritismus bei uns heute ein eher kleines Gebiet der Esoterik ist, ein gewisses Geschäft sind Totenkontakte aber trotzdem, und ich wage mal die Vermutung, dass das auch so bleiben wird. Gestorben wird schließlich immer. Und es wird stets Hinterbliebene geben, die den Verlust nicht überwinden können, die die Sehnsucht nach ihren Lieben plagt. Und immer wieder wird der Tod den Wunsch nach Aussprachen durchkreuzen.

Denn darum geht es bei der gewerbsmäßigen Totenkommunikation: um Lebende, die nicht loslassen können. Wer einen Geist ruft, der ruft, was in ihm von den Toten weiterlebt. Meine Meinung.

Meine Mutter hat mir allerdings später die Geschichte einer Freundin erzählt, die zeigt, dass Jenseitskontakte durchaus auch hilfreich sein können.

Mutters Freundin Johanna hatte 1996 ihren Mann bei

einem Verkehrsunfall verloren. Es muss ein unvorstellbar brutaler Crash gewesen sein, und ich erspare Ihnen aus diesem Grund auch die Details. Doch so grausam Johannas Mann aus dem Leben gerissen wurde, so herb war auch die Wunde, die sein Verlust riss. Johanna war, wie man so sagt, am Boden zerstört, und es gelang ihr nicht, den Kummer zu überwinden. Tatsächlich vergingen fast zehn Jahre, bis die Frau, die mit Transzendenz ihr Leben lang nichts am Hut hatte, schließlich ein Medium aufsuchte, das auf Kontakte ins Jenseits spezialisiert war. Die Frau hörte sich Johannas Geschichte an und tat etwas, dass man als anerkennenswert betrachten könnte. Sie sagte Johanna, dass ihr Mann zum Zeitpunkt des Unfalls sehr schwer krank gewesen sei – allein, es sei noch nicht entdeckt gewesen. Ihm habe ein langes und qualvolles Sterben bevorgestanden. Der Unfall habe ihn davor bewahrt. Soweit ich weiß, geht die Freundin meiner Mutter seither etwas leichter durchs Leben.

3. Interview mit einem Exorzisten

Doch nicht nur die Seelen der Toten können einem Löcher in die Hüpfburg der Daseinsfreude stechen. Das können auch Teufel und Dämonen. Womit wir beim Thema Exorzismus wären. Ganz recht: Auch in der Esoterik gibt es Exorzisten, Rom ist nur einfach bekannter dafür. Mir war das auch neu. Aber egal, ich lernte es nämlich zu meiner erheblichen Freude. Denn damit bot sich die Gelegenheit für ein Interview mit einem Exorzisten, und einen Exorzisten interviewen, das wollte ich schon immer mal.

Eigentlich hatte ich vor, mit Wanda Pratnicka zu sprechen. Die Polin ist in der deutschen Szene eine der rührigsten Vertreterinnen der gruseligen Zunft, und ich hatte bereits mit ihrem geisterhaften Adlatus auf der Berliner Esoterikmesse das zweifelhafte Vergnügen. Der blasse kleine Mann mit den rot unterlaufenen Augen hatte auf dem Event nämlich einen 45-Minuten-Vortrag über Dämonen gehalten und dort u. a. erklärt, Homosexualität sei ein Zeichen für Besessenheit. Desgleichen: Epilepsie, Depressionen, Zwangserkrankungen, Schlafstörungen u. a. m.

Als ich bei der rechten Hand der Teufelsaustreiberin anrief, nahm er meine Anfrage zunächst auch relativ erpicht auf:

»Wird Wanda in Ihrem Buch genannt?«

»Wenn Sie das möchten.«

»Wir sind interessiert.«

Doch zwei Tage vor dem geplanten Termin – ich hatte eine Polnisch-Dolmetscherin besorgt und befand mich in einem verwirrenden Zustand von heller Vorfreude, gemischt mit leichter Sorge – zog er seine Zusage zurück. Als ich nach den Gründen fragte, reagierte er ungnädig und verwies bloß knapp auf »die gute Intuition« seiner Herrin. Damit war das Gespräch für ihn beendet. (Meine polnische Dolmetscherin schien übrigens heilfroh zu sein, dass der Termin geplatzt war. Sie fand das mit der Intuition total gruselig.)

Piotr Pulaski aber hegte keine Bedenken.

Man muss sich den Exorzisten Piotr Pulaski, 39, als den gutgelaunten, freundlichen Typ vorstellen. Er ist ein auffallend gepflegter Mann mit Kevin-Kuranyi-Bart und spricht einen behaglich klingenden polnischen Akzent. Wie auch immer, der nette Herr Pulaski treibt im Schnitt einmal die Woche einen Dämon aus. Auch wir telefonierten.

Im Wesentlichen teile er seine Klientel in zwei Gruppen ein, sagte Pulaski. Da seien jene, die schon immer an Satan, Geister, Voodoo-Fluch und den bösen Blick geglaubt hätten; sie machten 60 Prozent der Kundschaft aus. Die übrigen 40 Prozent hätten neuerdings »keine andere Wahl« mehr, als daran zu glauben. Denn sie hätten keine andere Erklärung mehr finden können für die Dinge, die ihnen widerfuhren. Ich bat um Beispiele. Hier sind drei aus Pulaskis jüngerer Praxisgeschichte:

Hans-Peter Friedrichs, ein erfolgreicher Geschäftsmann und Bauunternehmer, hatte bis zum frühen Nachmittag noch in seinem Büro gearbeitet. Den Rest des Tages nahm er sich frei, um mit seiner Frau und den beiden Kindern einen Schaufensterbummel in der Fußgängerzone zu unternehmen. Friedrichs fuhr den PC herunter und sperrte das Geschäft fürs Wochenende zu. Mit dem Firmenwagen macht er sich auf in Richtung Innenstadt.

Friedrichs' Geschäfte liefen ausgezeichnet. In den vergangenen fünf Jahren hatte der 50-Jährige sein kleines Unternehmen zur Blüte gebracht, die Zahl der Angestellten hatte sich auf sechs verdoppelt, der Umsatz verdreifacht.

Es war halb drei und ein herrlicher, lauer Samstag im Sommer. Man traf sich vor einer beliebten Eisdiele in der historischen Altstadt. Während sich Friedrichs' Frau und die beiden Kinder in die Warteschlange einreihten, nahm er an einem Cafétisch Platz und widmete sich seiner Zeitung.

Er saß nicht lange, da trat eine Zigeunerin zu ihm heran. Die Frau hielt ihm die hohle Hand regelrecht unter die Nase. Es kostete Friedrichs einige Mühe, sie abzuwimmeln. Straßenmusikern warf er ab und an etwas in den Hut, aber Bettlern gab er grundsätzlich nichts; er fand, für Geld müsse man ein Mindestmaß an Leistung zeigen oder wenigstens, dass man sich bemühte. Die Frau war furchtbar, fand er.

Als es ihm anscheinend gelungen war, sie loszuwerden, nahm er sich wieder seine Zeitung vor. Doch Friedrichs sollte noch kein Frieden vergönnt sein. Denn sie bewegte sich nicht von der Stelle. Genervt von ihrer Penetranz, blickte er auf, und da bemerkte er, dass sie etwas vor sich hin murmelte, verächtlich und böse. Dann erst ging sie.

Friedrichs' Ehefrau, die mit zwei Eisbechern in Händen hinzugetreten war, sah der Frau in den bunten Röcken nach. Sie scherzte: Die Zigeunerin habe ihn wohl verflucht, weil er sich so geizig verhalten habe. Dann kamen die Kinder angerannt, und Friedrichs' Frau erzählte ihnen von dem Vorfall, wie man eine Gruselgeschichte erzählt. Man machte noch ein paar Witze, doch am Abend, als sich Friedrichs zum Schlafen richtete, war die Angelegenheit vergessen.

Zwei Tage darauf, gegen Mittag, erreichten den Geschäftsmann in seinem Büro schlechte Nachrichten. Ein sicher geglaubter Auftrag war geplatzt. Ein Friedrichs bis dato völlig unbekannter Mitbewerber hatte im Bieterstreit um das Großprojekt ein unverschämt günstiges Angebot unterbreitet – und den Zuschlag erhalten.

Ohne dass Hans-Peter Friedrichs etwas davon ahnte, meldete noch am Nachmittag desselben Tages der Prokurist eines wichtigen Auftraggebers seiner Firma beim Amtsgericht der Stadt Konkurs an. Das Unternehmen schuldete Friedrichs' GmbH ein Honorar im mittleren sechsstelligen Bereich.

Von nun an häufen sich die schwarzen Tage. Bauvorhaben werden storniert, avisierte Projekte verschoben, und ein Vertragspartner weigert sich wegen angeblicher Beratungsmängel, das Honorar zu zahlen. Der Streit landet vor Gericht, mit dem Ergebnis eines lachhaften Vergleichs, der aus dem Projekt für Friedrichs' kleines Unternehmen ein derbes Verlustgeschäft macht.

Friedrichs verlegt sich auf die Akquise von Neukunden, doch mehr als Kleinaufträge springt nicht heraus. Um die laufenden Kosten zu decken, nimmt er nach einem halben Jahr einen Kredit auf. Es wird nicht lange dauern, bis er einen weiteren benötigt. Zwei Jahre währt die unerklärliche Flaute, dann steht der einst erfolgreiche Unternehmer vor dem Offenbarungseid.

Eines Abends, Friedrichs ist allein zu Hause, Frau und Kinder übernachten bei einer Tante, sitzt er im Halbdunkel seines Wohnzimmers und starrt den Fernseher an, der tonlos läuft. Er grübelt. Wie, verdammt nochmal, konnte er in so eine Lage geraten? Was hatte er falsch gemacht? Doch so hart er mit sich ins Gericht geht, er kann keine Versäumnisse erkennen. Intrigierte jemand gegen ihn? Friedrichs kannte das Geschäft seit 30 Jahren, ein Feind, der im Verborgenen irgendwelche Strippen zog, nein, das war ja lächerlich. Was dann? Wie konnte sich das Schicksal so gegen einen wenden? *Schicksal.* Er wiederholte das in Gedanken mit einem sarkastischen Lächeln. Er war bestimmt nicht der Typ, der jetzt auf einmal an so etwas geglaubt hätte wie Schicksal. Wie *Bestimmung*. Das waren Recht-fertigungen für Trägheit, Ausreden, sich hängenzulassen.

Friedrichs grübelt also, doch er tritt auf der Stelle, dreht sich im Kreis.

Und während er mit einem Glas Hochprozentigem in der Hand dahockt, flackern die Nachrichtenbilder auf sei-nen Pupillen. Und dann steigen innere Bilder auf, Szenen aus besseren Tagen. Wie sie dieses glorreiche FCS/VGG-Projekt unter Dach und Fach gebracht hatten; der Tag, als er den Vertrag mit Hochgatterer & Söhne unterschrieb. Und dann Szenen mit seiner Familie: die Gartenparty, wann war das?, im Juli vor zwei Jahren. Judith im Som-merkleid, sie trug einen Pferdeschwanz, der in ihrem Na-cken pendelte. Wie sie herumgealbert hatte. Ein 39-jähri-ges Mädchen. Einmal, als er mit der Fleischzange am Grill stand, hatte sie ihm plötzlich Senf auf die Nase geschmiert. Die Kinder tobten in ihren Indianerkostümen vom Kar-neval über den gemähten Rasen. Und in dem Film, der da auf der Rückseite seiner Schädeldecke abläuft, taucht plötz-lich ein Störbild auf. Es tritt klar vor sein inneres Auge, ge-stochen scharf und plastisch: das Gesicht der Zigeunerin. Und das Wort seiner Frau hallt ihm in den Ohren: Fluch. Und nun, da der Film in seinem Kopf reißt, denkt Fried-richs: Klar, du drehst durch. Natürlich, du schnappst über. Und dennoch, der Gedanke kommt ihm. Jenseits von dem, was er auch nur annehmen *will* als eine Erklärung, denkt er diesen Gedanken.

Als Sylvia Jantelat hinzutrat, lag die Schraube auf der Chromanrichte in der Küche. Es war ein kurzer Bolzen, dick wie der Finger eines Kindes, und er war noch feucht von Suppe. Jantelat sah in die Gesichter ihrer Angestellten. Die Köche zuckten mit den Achseln, die Kellnerinnen machten betroffene Mienen unter ihren Ponys. Wie die Schraube in den Teller geraten war, niemand konnte sich das erklären. Sylvia Jantelat sah sich das Ding an; es war fast schon bizarr. Dann schickte sie ihren Hilfskoch los, Abzugshauben und Metallregale und elektrische Geräte zu inspizieren. Sie selbst ging in die Gaststube, um den Schaden zu begrenzen.

Der Gast speise heute selbstverständlich auf Kosten des Hauses, sagte sie in die Runde, man gehe der Sache natürlich nach. Kurz darauf servierte die Chefin selbst einen frischen Teller Suppe. Die Schraube habe sich wohl aus einem Mixer gelöst, das war ihre Erklärung, sie bitte noch einmal vielmals um Entschuldigung. Dann ging sie zurück in ihr Büro.

Es war Mittag, Stoßzeit an diesem verregneten Tag im August, das »Jantelats« wie üblich, zumal zur Ferienzeit, gut besucht. Das Restaurant war in dritter Generation ein Familienbetrieb, »Geschichten«, Anlass für Stadtgespräch hatte es bisher nicht gegeben. Sylvia Jantelat saß bereits wieder eine Weile an den Gehaltsabrechnungen, als eine Kellnerin eintrat. Es hatte eine zweite Beschwerde gegeben, diesmal an Tisch 15. Der Gast, ein norddeutscher Wandertourist, war mit der Gabel in seinem Kartoffelsalat auf etwas Hartes gestoßen. Auf dem Teller, den die Kellnerin in der Hand hielt, lag glänzend und gedrungen und vom glasigen Stärkeschleim des Salats überzogen eine Schraube. War das ein Scherz? Jantelat knallte den Taschenrechner auf den Tisch und rauschte in die Küche, dann eilte sie zu dem Gast. Doch sie bremste sich, sie würde die Sache unauffällig behandeln. Sie hatte vorhin bemerkt, dass die Gäste am Nebentisch tuschelten.

Die Abzugshauben waren in Ordnung, die Metallregale und Geräte ebenso. War das ein Anschlag ihres Personals? Sylvia Jantelat schloss das aus. Man kannte sich seit Jahren, Fluktuation bei den Angestellten existierte praktisch nicht, die Atmosphäre war gut, »familiär«, wie man so sagt.

Um Viertel nach eins brachte dieselbe Kellnerin mit pochendem Herzen eine weitere Speise zurück in die Küche; wieder hatte es dieselbe Beschwerde gegeben. Im weiteren Verlauf des Nachmittags folgten dem Gericht zwei weitere nach. Sylvia Jantelat wähnte sich in einem Albtraum, es kam ihr vor wie eine ferne Erinnerung an etwas Grässliches und völlig Unmögliches. Als man ihr die vierte Beschwerde zutrug, stieß sie einen spitzen Lacher aus, bei der fünften zweifelte sie ernstlich an ihrem Verstand.

Dann aber kam ihr eine Erinnerung.

Es war am Vormittag gewesen, kurz nach zehn Uhr oder halb elf, als sie die eigenartige, kleinwüchsige Gestalt entdeckt hatte. Die Fremde stand vor dem Küchenfenster, das von der Rückseite des Gasthauses auf eine ruhige Nebenstraße geht. Sie zischelte etwas in einer unbekannten Sprache vor sich hin, etwas, das wie ein Gebet klang. Und aus ihrer kleinen, hutzeligen Hand warf die Gestalt Reiskörner in die Küche. Sylvia Jantelat hatte sie verscheucht, mit den Händen, wie man Vögel verscheucht; sie möge sich gefälligst davonmachen, dann hatte sie den Reis aufgekehrt. Reis, sagt Pulaski, sei wie Knochen Voodoo-Material.

Die Vorfälle mit den Schrauben machten schnell die Runde in der kleinen Stadt. Die Zahl der Gäste ging rasant zurück, selbst Stammgäste hielten sich fern; die Einbußen waren beträchtlich. Und wenn auch seltener, so standen auch weiterhin immer wieder Aufläufe, Suppen und Salate auf der Chromanrichte, in denen eine kleine, gedrungene Schraube lag.

Der Schweizer Unternehmer Hermann Blatter hat ein kleines Kastell erworben: Hanglage, Seeblick, mit großem Grundtück; eine mondäne Immobilie zu einem guten Preis, und an freundlichen Tagen wie diesem – Tagen, wie es sie in diesem Sommer am laufenden Band gibt – bietet sich von der Veranda ein herrlicher Bick auf das Wasser, wo Yachten schaumige weiße Zöpfe hinter sich herziehen. Geradezu einschüchternd ist das stattliche Eisentor an der Grundstücksauffahrt (Blatters Frau nennt es »protzig«), so auch die gekieste Auffahrt und der Garten, der auf der Westseite von stattlichen Tannen begrenzt wird. Nach Blatters Meinung das *i-Tüpfelchen* ist aber das alte Kellergewölbe, ein ideales Depot für seine Weine. Der neue Eigentümer lässt die Sammlung einlagern und zieht kurz darauf mit seiner Frau ein.

Einige Wochen nach dem Umzug, ein paar kleine Umbauarbeiten wurden erledigt, die meisten Kisten ausgepackt, lädt das Paar zu einer Einweihungsparty ein. Blatters Frau verschickt handgeschriebene Kärtchen mit Büttenrand an Freunde und Kollegen. Man engagiert einen Catering-Service für das Abendessen. Die Weine sucht Blatter nach der Menüabsprache aus seiner Sammlung aus und lässt sie am Abend der Party von den Servicekräften in die Küche bringen.

Das kleine Fest ist ein voller Erfolg. Die Gäste zeigen sich entzückt von dem Haus, gratulieren zum Neuerwerb,

Kollegen klopfen anerkennend Blatters Schulter, man stößt auf das neue Heim an und genießt das Essen und die angeregten Gespräche.

Gegen 22 Uhr, die Servicekräfte haben sich bereits verabschiedet, steigt Blatter in den Keller, um Nachschub an Getränken zu holen. Er entdeckt sie gleich.

Auf dem Boden hat sich eine Pfütze Wein gebildet, die Scherben der Flasche liegen im Regal. Das Glas ist glatt zersprungen, es sieht aus, als sei die Flasche einfach zerplatzt. War jemand im Keller? Doch Blatter ist zu guter Laune, um darüber nachzugrübeln, und entscheidet, die Sache für sich zu behalten; er trägt vier Flaschen seines besten Barbe Rac die Treppe hinauf. Dann verschwindet er kurz, sammelt die Scherben auf und wischt rasch den Boden.

Zwei Tage nach dem Vorfall, es ist Abend, 19 Uhr, geht der frischgebackene Hauseigentümer wieder hinunter in das Gewölbe, um sich und seiner Frau zum Abendessen einen guten Schluck auszusuchen. Es sind zwei weitere Flaschen im Regal zerborsten.

Gegen zwei Uhr in der Nacht weckt ihn seine Frau: Sie habe Schritte gehört. Blatter, der nachsieht und niemanden findet, nichts Ungewöhnliches entdecken kann, beruhigt sie, sie habe schlecht geträumt.

Von nun an wird Blatter täglich die gleiche Entdeckung in seinem Keller machen; seine Frau wird fast jede Nacht Klopfgeräusche in den Wänden hören und Schritte an der Zimmerdecke.

»Und da steckte ein Geist dahinter?«

»Sonst ich würde Ihnen das wahrscheinlich nicht erzählen.«

»Okay, geschenkt. Wie sind Sie vorgegangen?«

»Natürlich haben wir den Keller ausgeräuchert und einen Schutzzauber gesprochen. Dann haben wir magische Steine um das Haus gelegt, diese bilden Gedankenwand. Dämonen können durch Steinwand gehen, aber nicht durch Gedankenwand.«

»Hat es denn geholfen?«

»Wir haben Erfolgsquote von 100 Prozent.«

»Was haben Sie bei den anderen Kunden getan?«

»Auf dem Restaurant lag ein sehr starker Zauber. Aber mit Ausräuchern und Gebeten haben wir ihn abgelöst. Der Bauunternehmer ist gekommen zur Behandlung in meine Praxis. Ich mache in solchem Fall Anamnese, um zu sehen, ob schwarzmagische Auslöser hinter dem Klientenproblem steckt. Dann trete ich mit Dämon, der Kunden quält, in Kontakt.«

Ist dieser Kontakt hergestellt, beginnt eine Art Ringen mit dem Dämon. Pulaski überträgt per Handauflegen Energien, dabei spricht der Exorzist Gebete, die an das *Rituale Romanum* angelehnt sind:[51]

»Im Namen und in der Kraft unseres Herrn Jesu Christi, Jahwe, Adonay, beschwören wir dich, jeglicher unreine Geist, jegliche satanische Macht, jegliche feindliche Sturmschar der Hölle, jegliche teuflische Legion, Horde und Bande: Ihr werdet ausgerissen und hinausgetrieben, von den Seelen, die nach Gottes Ebenbild erschaffen und durch das

---

51 Das liturgische Buch der Katholiken. Im Jahr 1614 erstmals schriftlich fixiert, 1925 teils revidiert und unter anderem um den *Exorcismus in satanam et angelos apostaticos* erweitert, nutzen es bis heute die Teufelsaustreiber des Vatikans.

kostbare Blut des göttlichen Lammes erlöst wurden. […] (…) Herr, erhöre mein Gebet. Und lass mein Rufen zu Dir kommen. Der Herr sei mit euch. Und mit deinem Geiste.«

Als erste exorzistische Intervention reicht oft eine halbstündige Behandlung, sagt Pulaski. Wenn sich der Dämon aber in einer Seele festgebissen hat, könne es dauern, Wiederholungen nötig werden. Man kann sich ausmalen, dass es in Polaskis Praxis dann zu Szenen kommt wie bei William Friedkins *The Exorcist* (USA 1973).

»Ist auf jeden Fall nix für schwache Nerven«, sagt Pulaski.

Fast immer ist eine Nachbehandlung nötig, die der Klient zu Hause in Eigenregie durchführt, erklärt mein Gesprächspartner. Je nach Dämon und Schwere der Anfechtung müssen täglich, alle zwei Tage oder jeden dritten Tag spezielle Meditationen durchgeführt und Mantren rezitiert werden, vom Exorzisten in einer Art Rezept zusammengestellt. Bisweilen gehört das Abbrennen ritueller Kerzen dazu und fast immer die Lektüre erbaulicher Literatur. Dies alles sollte den Satan endgültig zum Teufel jagen.

»Über Spuk und Pechsträhnen haben wir schon gesprochen. Gibt es auch noch andere Hinweise auf unerbetenen Besuch aus dem Orkus?«

»Sicher. Wenn Sie plötzlich was machen, was Sie vorher nicht gemacht haben, scharf essen, zum Beispiel. Das ist ein Indiz. Oder Sie denken: Was rede ich da? Das bin doch nicht ich. Ein starkes Indiz ist immer, wenn Ihnen Haustier aus dem Weg geht oder Hund bellt sie an, und wenn Kinder weinen in Ihrer Nähe viel.«

»Und wie … ich meine, wie fange ich mir einen Dämon ein?«

»Sie sollten keine Drogen nehmen. Wenn Sie Drogen nehmen oder saufen, schwächt es den Astralkörper, und die Entität hat freien Eintritt. Ich sage nicht, Sie dürfen nicht mal ein, zwei Wodka trinken. Aber wenn Sie richtig saufen, holen Sie sich irgendwann einen Dämon, da kriegen Sie von mir eine persönliche Garantie drauf. Sehr gefährlich ist auch Séance. Die Leute denken, sie rufen die Seelen von Toten, aber meistens kommt nur Dämon. Was noch … schwarzmagische Rituale, das ist klar wie Brühe. Oder wenn Sie Luzifer anbeten.«

»Was ist mit Led Zeppelin?«

»Was soll mit denen sein? Ist eine gute Band.«

»…«

»Sie meinen satanische Botschaften, oder was? Stairway to Heaven …«

»Ja, sublime Nachrichten …«

»Das ist Quatsch! [dies mit herrlichstem, breitem polnischen Akzent: *Goatsch!*] Okay, kann schon sein, dass die Botschaften drinhaben. Aber die Energien sind zu schwach, um Klienten zu schädigen.«

»Manchmal sagt man so Sachen wie: *Geh doch zum Teufel!, Teufel noch eins!*«

»Lassen Sie es besser.«

»Sie ziehen mich auf.«

»Glauben Sie mir, lassen Sie es.«

»Haben eigentlich die Menschen Angst vor Ihnen?«

»Ja, das kommt vor.«

»…«

»Ich habe einen Freund, wir kennen uns 20 Jahre. Seit ich in dem Geschäft bin, nimmt er Hörer nicht mehr ab.«

Piotr Pulaski behandelt Menschen in jeder erdenklichen

Notlage. Seine Praxis suchen Süchtige, Behinderte und psychisch Kranke auf. (Ursache: »erdgebundene Geister«. »Wenn Sie gesundheitliches Problem haben, aber Doktor findet nichts, das ist auf jeden Fall Indiz für einen Dämon«, sagt er.) Wobei er dann doch einräumt, zum Beispiel bei Schwerbehinderten oft nichts bewirken zu können. Der Dämon sei einfach zu stark. Beim Thema Gesundheit zeigt sich der Exorzist etwas kurz angebunden und unwillig.

Der Autor kann noch berichten, dass er nicht unter den Einflüssen der Kräfte des Chaos steht. Pulaski jedenfalls sagte zum Abschluss unseres Gesprächs, es reiche ihm meine Stimme, um zu diagnostizieren, dass ich »sauber« bin.

Eigentlich kommen wir damit vom Thema dieses Buches ab, aber wie sonst könnte man über Exorzismus reden, wenn man nicht wenigstens kurz auf den größten Anbieter eingeht, auf die katholische Kirche. Denn was in katholischen Kreisen in puncto Besessenheit bis in unsere Tage geglaubt wird, steht den Ansichten in der esoterischen Szene kaum in etwas nach. (Das Gleiche gilt aber auch für manche evangelische Freikirche und einige islamische Gemeinden.)[52]

---

52 Wie oft in Deutschland der Teufel ausgetrieben wird, ist wegen der Pikanterie nicht bekannt, aber einige mit der Materie vertraute und glaubwürdige Quellen gehen bei den esoterischen und kirchlichen Exorzismen zusammengenommen von ein paar hundert bis eintausend per anno aus. Der Autor Marcus Wegener (»Exorzismus heute. Der Teufel spricht Deutsch«, Gütersloher Verlagshaus 2009) etwa schätzt ihre Zahl auf zwölf täglich. Das ist schon insofern interessant und ein Kitzel für Reporternasen, als sich die katholische Kirche in Deutschland seit 1976 offiziell von der Praxis der Teufelsaustreibung

Bleiben wir aber zunächst beim Vatikan und sehen uns die Ansichten Padre Gabriele Amorths an, seines Zeichens Exorzist der Diözese Roms. Im Februar 2013 erklärt der Padre in einem Interview mit der österreichischen Zeitschrift *Format*, die Musik des US-Rockers Marilyn Manson sei des Teufels:

»Viele hören satanischen Rock von Marilyn Manson. Das sind gefährliche Momente, in denen der Dämon Besitz vom Menschen ergreifen kann.«

Manson selbst ist nach Ansicht des Don vom Antichrist besessen. (»Aber sicher! Und wie!«) Das Gleiche habe für Karl Marx gegolten. *Harry Potter*, ist Amorth überzeugt,

---

distanziert. Die Hintergründe dürften bekannt sein. Damals war die 23-jährige Pädagogikstudentin Anneliese Michel nach mehreren sogenannten Großen Exorzismen gestorben. (So die kirchenoffizielle Bezeichnung für das Teufelaustreiben durch einen Priester. Der klassische »kleine Exorzismus« ist die Taufe.) Michel, die an epileptischen Anfällen und Magersucht litt, glaubte, u. a. von Nero, Hitler, Kain, Judas, Luzifer besessen zu sein. Sie erlag Gerichtsgutachten zufolge dem Hungertod. Als die Geschichte aufflog und Empörung sich breitmachte, gab die katholische Kirche bekannt, künftig keine Exorzismen mehr in Deutschland durchzuführen. Wie gesagt, das war 1976. Im Jahr 2008 berichtete der Bayerische Rundfunk unter Berufung auf die Aussagen mehrerer Beteiligter dagegen, es werde in Deutschland fast täglich der Teufel ausgetrieben – meist inoffiziell und ohne Wissen der Diözesen. Das Erzbistum Paderborn räumte daraufhin nach mehreren Medienberichten drei Exorzismen in den Jahren 2000 bis 2008 ein. Das Augsburger Ordinariat bestätigte laut *Süddeutscher Zeitung* vom 17. Mai 2010 Teufelsaustreibungen grundsätzlich. Ich habe selbst schriftlich bei den sieben Erzdiözesen Deutschlands nachgefragt, um zu erfahren, ob die neuerliche Berichterstattung irgendeine Wirkung hatte. Und was soll ich sagen: Seit 2008 hat es in Deutschland keinen kirchlichen Exorzismus mehr gegeben. Null, so wahr ihnen Gott helfe.

verführt zur Magie. Eher in die Abteilung »Konkurrenz verteufeln« fällt, was er über Esoterik sagt: Ihre Praktiken sind für ihn potentielle Einfallstore für die Bestie. Beispiel: »Das Kartenlesen kann der erste Ring einer Kette sein, deren Ende vom Teufel gehalten wird.«[53]

Nach eigenen Angaben hat Gabriele Amorths bislang 50 000 bis 60 000 Exorzismen durchgeführt.

Noch mehr zum Fürchten sind vielleicht bloß noch die Ansichten des US-amerikanischen Predigers und Exorzisten Reverend Bob Larson aus Scottsdale, Arizona, der auch versprengte Anhänger in Deutschland hat. Denn Larson zufolge fängt man sich den Beelzebub nicht nur bei praktisch *jeder* esoterischen Betätigung ein. (Eine Anhängerin Larsons erklärt etwa in einem TV-Interview: »Horoscopes? Bad news: It's the occult.«)

Nein, nach Bobs erklärter Meinung tragen auch die Opfer von Vergewaltigung, Inzest und sexuellen Belästigungen potentiell den Teufel in sich. Die Opfer, genau. Das Gleiche gilt, nach einer nicht minder widerwärtigen Erbsündelogik auch für die Nachfahren von Mördern und Selbstmördern, auch sie: potentiell Besessene.[54] (Was Aus-

---

53 Zitiert nach den inoffiziellen katholischen Webseiten www.kath-zdw.ch und www.kath.net.

54 Nachzulesen in Bobs *Demon Test*®, einem Internet-Fragebogen, erhältlich zum Preis von $ 9,95, welchen der evangelikale Priester, wie er schreibt, mit Gottes Hilfe und kraft 30 Jahre währender Erfahrung mit bedrängten Seelen erstellen konnte. Bob lässt dabei keinen Zweifel aufkommen, dass er ein entschlossener Diener des Herrn ist. Das beigestellte Foto zeigt den Pastor mit kampfeslustiger Miene, vorgestrecktem Kreuz und Bibel unterm Arm. (Siehe: www.demon-test.com, Stand: Februar 2014.)

tralien, wie Bob annimmt, schon aus historischen Gründen zu einem ziemlich gefährlichen Ort für die Seele macht.) Bob Larson, der seine Quote an Exorzismen aktuell auf 500 bis 1000 im Jahr schätzt, hat mit seinen Ansichten und Botschaften in den Vereinigten Staaten eine beachtliche Karriere gemacht. In den 1980er Jahren führte er als Moderator der Radio-Call-in-Sendung »Talk Back« live exorzistische Befreiungsriten mit Teenagern durch; er ist Autor einschlägiger Standardwerke – darunter: »Rock & Roll: The Devil's Diversion« (1967), »Satanism. The Seduction of America's Youth« (1989) oder »In The Name of Satan: How the Forces of Evil Work and What You Can Do to Defeat Them« (1996) –; außerdem hat Bob sich landesweit einen Namen als Teleevangelist gemacht. Seine Spiritual Freedom Church, die unter dem Schlachtruf »Do What Jesus Did«[55] in den USA Attacke gegen den Satan reitet, hat Partnergemeinden in Neuseeland, Großbritannien, Südafrika, auf den Bahamas, und, wie gesagt, eine wirkt in Deutschland.

Wie leicht man dort wegen ernster psychischer Probleme einen Exorzismus-Termin bekommt, habe ich erfahren,

---

55 Eine Anspielung auf die Exorzismen Jesu Christi. An mehren Stellen berichtet die Bibel, wie sich der Religionsstifter als Austreiber von Dämonen betätigte. Beispielsweise heißt es im Matthäusevangelium (Mt. 8, 28–34): »Und er kam jenseits des Meeres in die Gegend der Gergesener. Da liefen ihm entgegen zwei Besessene, die kamen aus den Totengräbern und waren sehr grimmig, also daß niemand diese Straße wandeln konnte. [...] Es war aber ferne von ihnen ein große Herde Säue auf der Weide. [...] Und er sprach: Fahret hin! Da fuhren sie aus und in die Herde Säue. Und siehe, die ganze Herde Säue stürzte sich von dem Abhang ins Meer und ersoffen im Wasser.«

als ich unter Zeugen bei Bobs Freunden in *Germany* anrief und um Rat bzw. Hilfe für eine Freundin bat, die, wie ich in meiner fingierten Geschichte behauptete, am Borderline-Syndrom leide und sich zwanghaft selbst verletze (klassisches Ritzen). Ein sehr freundlicher Amerikaner (»You are talking to the right person, Sir.«) bot mir eine Konsultation an, inbegriffen eine ein- bis zweitägige Prüfung des Falls.

Aber ich sparte mir weitere Recherchen und spare mir hier weitere Ausführungen, denn wir kommen tatsächlich vom Thema ab. Wer tiefer einsteigen will, lese Wegners oder ein anderes Exorzismus-Buch.

Einen Tag nach meinem Interview mit Pulaski stand ich in einem Esoterikladen und blätterte in einem Buch mit blauem Einband; es war laut Vorwort mit Hilfe der Engel entstanden. Inhalt: einfache Methoden für den Exorzismus zum zu Hause Selbermachen, zum Beispiel die »Ei-Dreh-Methode«: Man nehme ein Hühnerei – möglichst frisch vom Bauern oder bio, denn Legebatterienware trage selbst zerstörerische Energien[56] in sich – und schlage es in ein

---

56 Der Energie-Begriff ist hier schon öfter gefallen, ich will ihn an dieser Stelle kurz erklären. Das Wort Energie (altgriech.: ἐν (en) »innen« und ἔργον (ergon) »Wirken«) ist eigentlich eine irreführende oder zumindest falsche Entlehnung aus der Physik, wo es sich ab dem 19. Jahrhundert durchsetzte. Denn Physiker meinen mit »Energie« (E) etwas völlig anderes als Esoteriker. Sie bezeichnen damit eine abstrakte Rechengröße, die die Fähigkeit eines Systems beschreibt, »Arbeit« (W) zu verrichten. (»Arbeit« ist in der Physik ebenfalls etwas im Grunde Abstraktes, nämlich das, was auf mechanischem Weg von einem Körper auf einen anderen übertragen wird. Lehrsatz: Arbeit wird verrichtet, wenn eine Kraft längs eines Weges wirkt.) Esoteriker dagegen meinen mit Energie meist eine

zur Hälfte mit Wasser gefülltes Trinkglas. Das Glas dann in Kreisen um den Körper der besessenen Person führen. Dabei beten. Das Eigelb bindet die dunklen Einflüsse. Übrigens, aus dem Ei kann danach auch gelesen werden: Bei magischen Angriffen zeige sich das Eiweiß trüb, der Dotter »scheint verschleiert«. Noch mehr hilfreiche Tipps gegen Anfechtungen der Seele stehen in Lamiras Buch »Lass dich nicht behexen. Die besten Abwehrtechniken gegen negative Energien«, erschienen bei Heyne. Denn, Zitat: »Ob gezielter schwarzmagischer Angriff oder unbewusster Energievampirismus: Jeder kann Opfer von Behexung werden!«

4. Geomantie

Wenige Tage nach meinem Gespräch mit Pulaski nehme ich an einer Exkursion teil, bei der fünf Damen in fest geschnürten Wanderschuhen und ich (in Sneakers) durch nasses, kaltes Moos waten und durch Gehölze streifen, um Feen, Elfen und Naturgeister aufzuspüren und Erdener-

---

universelle »Urkraft«, die zugleich ein »Urstoff« ist: Alles, was existiert, so die Vorstellung, ist Energie in unterschiedlicher Schwingung. Der religiöse Charakter der Idee wird deutlich, wenn man sich klarmacht, dass diese »Energie« tatsächlich als ein Absolutes konzipiert wird. Entsprechend wird sie teilweise auch als das »Göttliche« bezeichnet. Historische Vorläufer solcher Ideen findet man mit »Tao« (道) und »Qi« (氣) im Taoismus, wie auch in den hinduistischen Konzepten »Brahman« (ब्रह्मन्) und »Prana« (प्राण). Aber auch in der Bibel wird der aufmerksame Leser auf die Vorstellung einer universellen Lebenskraft stoßen, nämlich auf das Konzept des göttlichen Geistes »Ruach« (חור).

giefelder zu erfühlen. Außerdem habe ich dabei den Baum umarmt.

Hier der Hergang im Schnelldurchlauf.

Während es den anderen auf der Märzwiese stehend offenbar kein bisschen schwerfällt, trotz Kälte, lärmender Fußballspieler, kläffender Köter und über den Himmel donnernder Flugzeuge Stille in sich auszubreiten, scheitere ich schon im Ansatz. Aber ich bin an diesem Morgen auch einfach nicht richtig konzentriert. Beim anschließenden In-den-Boden-Fühlen nehme ich daher auch leider nichts wahr außer meine inzwischen nassen Füße, die Damen dafür »milchig-weißes Licht« und »Kribbeln in den Beinen«.

Es folgt eine Übung, bei der wir die *Christus-Energie* des Ortes wahrnehmen sollen. Man stellt sich dazu wie der Gekreuzigte auf, schließt die Augen und gibt sich ganz hin. (Die Damen berichten nachher von einer wunderbaren Erfahrung, ich lüge und bestätige alles.)

Spätestens jetzt, wo wir dastehen wie die menschlichen Pluszeichen, fallen wir natürlich auf: Die Fußballjungs (pubertär) machen Witze und werfen sich vornüber vor Lachen, Spaziergänger gaffen. Einer ist ein älterer Mann; er trägt eine mächtige Kugel von einem Bauch vor sich her und führt an der Aufrollleine einen Kläffer mit Fuchsohren Gassi. (Man kann auf 20 Meter sehen, dass ihn der Hund mit einem echt lächerlichen Besitzerstolz erfüllt.) Der Kerl jedenfalls stemmt die Faust in die Seite, worauf sein Bauch noch weiter hervorquillt, und glotzt. Das Tier macht Sitz, um seinerseits zu gucken. Es hechelt stark, was aussieht, als ob es unausgesetzt nickt. Da aber nichts weiter Skandalträchtiges passiert, ziehen die beiden nach ein paar Minuten wieder ab, aber nicht ohne dass der Dicke den anderen Passanten noch bedeutet hätte, was von uns zu halten sei, dergestalt, dass er diese Die-sind-nicht-ganz-richtig-im-Kopf/Vögelchen-Geste macht.

Bei uns soll jeder nun zu einem Platz gehen, »zu dem er sich hingezogen fühlt«, sagt die russische Exkursionsleiterin. Ich ertappe mich dabei, wie ich, wenn auch nur kurz, zum nahe gelegenen Café schiele. Meine niederen Kuchenphantasien zerplatzen aber; jäh meldet sich Pflichtschuld, und ich setze mich unentschlossen auf einen Baumstumpf, von wo ich immerhin das Geschehen gut im Blick habe. Die Damen ihrerseits strömen zielstrebig aus. Eine von ihnen, Maria, steuert auf einen Baum zu, den sie alsbald zu streicheln beginnt. Wie sie später berichtet, sei der Baum verletzt und sehne sich nach dem Weiblichen.

Ein paar Fußminuten durch den Park, und wir erreichen einen trüben, faulig riechenden Tümpel. Hier rufen wir Geister und Elfen an, die an diesem Platz ortsansässig sein sollen. Wie schon zuvor erfolgt keine Einweisung, *wie* das genau zu tun sei. Mir scheint inzwischen, als ob Derartiges als so normal/selbstverständlich empfunden wird, dass Fragen nur Irritation auslösen würden.

(Ich bin, nebenbei bemerkt, an diesem Punkt ratlos, was das alles soll, und bleibe es auch bis zuletzt.)

Später auf einer Wiese, wo jeder wieder mit irgendwas in Kontakt tritt, umarme ich dann den Baum. Ich hatte nämlich recherchiert, dass die Geomanten so etwas ab und an tun, weil Bäume »wissen, welcher Platz einem in der Welt bestimmt ist«. Das kann grundsätzlich nicht schaden. Also schmiege ich mich an den Stamm und gebe mich meinem Tun mit jeder Faser meines Seins hin. Eine Erfahrung, die in ihrer Bescheuertheit kaum in Worte zu fassen ist. Wie Maria streichle ich den Baum. (Dito.)

Fünf Stunden währt jener »erfahrungswissenschaftliche Feldforschung« genannte Trip, und er endet auf dem Portal unter der Siegessäule. Hier, im »Herz-Chakra« Berlins, vom Verkehr umtost, haben wir einen heiligen Kreis gebildet. Wir halten uns an den Händen, schließen die Augen. Und dann singen wir lautmalerisch, was uns bewegt. (Wir singen: *Uhhhh*, *uuuuh! Aaiiii!* Usw.)

Gleichwohl bleibt hier festzuhalten, Geomantie[57] hat einen praktischen Nutzen. Das behaupten zumindest, genau: Geomanten. Beispiel: Es kann sein, sagen sie, dass ein Elf schuld ist, wenn einen Schlafstörungen, Kopfschmerzen oder Albträume plagen. Der Elf sei nämlich vergnatzt, weil der Betroffene sein Haus auf dessen Schlafstelle errichten ließ, weshalb er den Eindringling nun nächtens quält. Verzagen müsse man aber nicht. Man kontaktiert einfach einen Geomanten in der Nähe. Der rückt mit der Wünschelrute an, und sollte sich der Verdacht durch Instrumentenausschlag erhärten, kennt er die richtigen Vergebungsrituale,

---

57 Ursprünglich war Geomantie die Bezeichnung für eine Form des Wahrsagens – nämlich aus Steinen, Bodenformationen, Vogelzug, Gewittern und anderen Naturphänomenen. (Siehe auch Kapitel III.) Der Name leitet sich vom altgriechischen γῆ, geo, »Erde«, und μαντεία manteia, »Weissagung«, ab. Jene Urform der Disziplin ist heute jedoch so gut wie verschwunden. Zeitgenössische Geomanten betreiben eher eine Mischung aus einer Art Fengshui und Geisterkunde. Sie interessieren sich für Erdkräfte, Kraftplätze, Elementarwesen sowie Energielinien im Erdboden, welche unter anderem mit der Wünschelrute detektiert werden sollen.

und die Chancen stehen gut, dass die das angefressene Naturwesen besänftigen und es einen fortan in Ruhe lässt.

Ähnliche Probleme machen bekanntlich auch die berühmt-berüchtigten Wasseradern, auch hier wissen Geomanten Rat.[58]

Trotz einiger Einwände seitens der Wissenschaft gegen solche Thesen scheint Geomantik inzwischen ein richtiger kleiner Modetrend im Baubusiness zu sein. Geomantische Bauberater detektieren Erdstrahlen, Wohnorte von Geistern und Wasseradern und geben Empfehlungen für Tiefbauarbeiten. Bekannt wurde der Fall der bayerischen Gemeinde Mertingen, die für einen Bebauungsplan 2011/12 laut Medienberichten ein Gutachten durch einen Diplomlandschaftsarchitekten mit entsprechender Expertise anfertigen ließ. In seinem Bericht kommt der Mann zu dem Ergebnis:

---

58 Zu behaupten, man könne Wasseradern mit der Wünschelrute finden, ist für Geologen und Physiker jedoch ungefähr so, als würde man sagen, man halte auf einem fliegenden Teppich nach dem Osterhasen Ausschau. Denn Wasseradern gibt es nicht, und mit Ruten lässt sich offenbar rein gar nichts detektieren. (Grundwasser bildet, wie man aus Tiefbaumaßnahmen weiß, bei uns im Erdreich Seen. Adrige Verläufe indes sind extrem selten und kommen nur in ganz wenigen Gesteinsformationen vor. Mit Sicherheit jedenfalls nicht dort, wo Rutengänger sie regelmäßig auffinden.) Außerdem konnten die sogenannten Radiästhesisten Wasser in Rohrleitungen oder Gefäßen wiederholt nicht finden, wie sie allerdings behauptet hatten. Das Ausschlagen des Instruments ist nach Ansicht von Psychologen auf Mikrobewegungen und unbewusste Muskelanspannungen zurückzuführen, anders gesagt: auf den Wunsch, dass es ausschlägt (»Carpenter-Effekt«). Dasselbe gilt für die sogenannte paranormale Strahlenfühligkeit (Erdstrahlen z. B.), ein weiteres Betätigungsfeld von Geomanten.

»Bei der geomantischen Begehung und Analyse [...] erkannten wir die Präsenz von Nymphen auf dem Grundstück.«

Es empfehle sich daher,

»das Neubaugebiet in Bauabschnitten zu erschließen, um ausreichende Rückzugsmöglichkeiten für die Naturwesen zu ermöglichen.«

Der Rückzugsort, so der Fachmann, solle

»Platz zum Tanzen bieten und verspielt sein«.

Auch identifizierten der Diplomingenieur und sein Team durch Fernpeilung einen strahlenden Engelfokus im Gemeindewald, spürbar »als helle, lichte und heilige Energie«, wie auch einen Fokus in die Unterwelt.[59]

Das dazu. Ein paar Wochen nach meinem Ausflug mit den wunderlichen Damen hatte ich dann meinen Termin bei Werner Michalsky. Werner ist ein erfahrener Geomant und nennt sich relativ unbescheiden »Europas bester Strahlenexperte«. Für das Interview besuchte ich ihn in seiner Wohnung, die Werner aus Gründen, welche am Telefon zu nennen er für »Wahnsinn« hielte, nur selten verlässt. Kurz, es gab Hinweise, dass ich diesen Termin hätte sausenlassen sollen.

Es ist also Freitagnachmittag, ich stehe im Flur eines Neuköllner Altbaus und drücke auf den Klingelknopf. Es rumpelt von fern, und man hört ein genervtes »Ja!« Poltern, gefolgt von einem Schlurfen, das sich nähert. Die Tür öffnet sich.

---

59 Zitiert nach *Süddeutsche Zeitung Online* vom 13. Januar 2012 und *Augsburger Allgemeine Zeitung* vom 14. April 2012.

Und da steht Werner mit einem Ausdruck absoluter Unlust; und ich glotze und bekomme buchstäblich den Mund nicht zu. Werner, der sich schon denken kann, warum, sagt genervt:

»Mikrowellen aus dem Weltall.«

»Sorry, wie bitte?«

»Sie hält sie ab.«

»Sie tut was?«

»Willst du mich veräppeln? Mikrowellen abhalten. Aus dem Weltall.«

»…«

»Jetzt komm erst mal rein.«

Ich trete ein, und wir laufen durch den verrammelten Flur in Werners Wohnzimmer, wobei ich nicht aufhören kann, meinem Interviewpartner auf den Kopf zu starren – wo der ein pyramidenförmiges Metallgestell trägt. (Spätestens an der Tür hätte ich unter einem Vorwand die Biege machen sollen.)

Nachdem Werner ausgiebig und misstrauisch meinen Presseausweis in der Hand hin und her gewendet hat, um ihn fast widerwillig für echt zu befinden, setzt er zu einem Vortrag an, der, ich glaube, drei Stunden geht. Themen (neben geomantischen Theorien) unter anderem: 9/11, Erdstrahlen, Nazi-Ufos, das FBI, die Ufo-Politik der UNO (!), Neuschwabenland (eine arktische Nazi-Festung), Pyramidenkräfte, das Bienensterben und erneut: das »Nullpunkt-Feld«, welches die Energieversorgungsprobleme der Zukunft lösen wird.

Unnötig zu erwähnen, dass ich am Ende einen ganzen Notizblock vollgeschrieben hatte. Der ungelesen in meiner Schreibtischschublade liegt.

V.
Gesundheit

1. Karmamedizin

Umkleidekabinen sind für Reporter immer lohnende Orte. Das gilt zumal nach Trainingsschluss, denn wenn Menschen sich erst einmal abreagiert haben und erfrischt der Dusche entstiegen sind, sprechen sie einfach gelöster und offener. Ein denkwürdiges Umkleidekabinengespräch habe ich Ende August 2012 zwischen zwei nasstropfenden Mit-Yogis verfolgt. Es ging offenbar um eine Bekannte der beiden, die erkrankt war. Woran, weiß ich nicht, es war nicht Inhalt des Dialogteils, den ich mithören konnte, doch ihre Rückkehr zum Training war offenbar fraglich. Einer der beiden 40-jährigen, in Frotteehandtücher gewickelten Männer war der Meinung, die Krankheit der Frau sei eine Folge schlechten Karmas oder, wie er es nannte, eine »karmische Lektion«.

Offen gesagt, wollte ich kaum glauben, was ich da hörte. War der Mann ernstlich der Ansicht, die Krankheit sei eine Strafe für moralisches Fehlverhalten? War die Frau seiner Meinung nach an ihrem Leiden selbst schuld?

Wie ich jetzt weiß, ist diese Auffassung in der Esoterik verbreitet. Und sie nimmt schwere und tödlich verlaufende Erkrankungen nicht aus; auch Behinderungen werden als Strafe für moralische Fehltritte in früheren Leben betrachtet.

Dass derlei bei Kritikern der Esoterik bereits für Empörung gesorgt hat, wird niemanden überraschen. Verurteilt wird insbesondere die implizite Stigmatisierung Betroffener und dass sich ihre Bürde verdoppele, wenn sie neben ihrem Leiden auch noch die Verantwortung dafür tragen sollen. Doch obwohl mir selbst bestimmt nicht wohl ist bei solchen Thesen, habe ich begriffen, dass der Glaube an die Karma-Lehre mit ihrer Annahme einer im Zweifel rigoros durchgesetzten sittlichen Weltordnung für wenigstens *einen Teil* derer, die ihm anhängen, zugleich ein realer Segen ist. Denn wie jeder überzeugte religiöse Mensch auch, verfügt derjenige, der an Karma glaubt, über etwas, das in einer schweren Lage nicht nur sein Nachteil sein muss, sondern auch ein enormer Vorteil sein kann.

Noch einmal klar und deutlich: Es ist nicht auszuschließen, dass Betroffene in finsteres Grübeln geraten, dass ihnen der vernichtende Gedanke kommt, an ihrer schweren, womöglich tödlichen Krankheit auch noch selbst schuld zu sein, dass sie in mutlose Passivität versinken, keine Frage. Aber zugleich bietet der Karma-Glaube einen Lichtblick. Denn wer an Karma glaubt, den kann in seiner schweren Lage eine besondere Leichtigkeit überkommen, eine Art ozeanischer Ruhe und Gelassenheit. Einfach, weil er glaubt, es wirke hier ein höherer Plan, ein göttliches Prinzip, das letztendlich nur Gutes mit ihm im Sinn hat. Man mag das für Kinderglauben halten, für rückschrittlich, und man kann sich auf den Standpunkt stellen, die Gefahren (Passivität, Ohnmacht, doppelte Last) seien höher zu werten als ein etwaiger Trost. Aber vielleicht ist es auch so,

128

dass, wer so denkt, mindestens in Krisen potentiell besser dran sein könnte. Ich finde nur, man sollte es in Betracht ziehen und sich überlegen, über *wen* man schützend die Hand hält.

Anders liegen die Dinge wie so oft, wenn es ums Geschäft geht, womit wir zur Karmamedizin kommen. Rituale, bei denen negatives Karma von Kranken »abgelöst« werden soll, gibt es gegen Allergien, Migräne und Querschnittslähmung; teilweise sind schon die Preise kriminell.

In dem Feld tätig ist unter anderem eine Firma, die wir hier *Eternal Health Group* nennen wollen. Den richtigen Namen kann ich nicht nennen, weil ich dem Verlag und mir gern Unterlassungsklagen ersparen will, außerdem habe ich meine Informanten zu schützen.

Es gelingt dieser Firma, Menschen mit den Krankheiten, die ihnen durch Karma-Belastungen angeblich drohen, eine solche Angst einzujagen, sie mit Psychotricks aus der Verkaufsförderung und Massensuggestion so nachhaltig zu manipulieren, dass sie auf einem Seminar 2000 Euro hinblättern, bloß um ihrem Schicksal zu entkommen. Wie das geht? Das sehen wir uns jetzt an.

Bei dem folgenden Bericht handelt es sich um eine Rekonstruktion eines typischen *Eternal-Health*-Seminars, basierend auf den Aussagen mehrerer Teilnehmer. Der Autor war selbst nicht zugegen, hat aber drei andere Veranstaltungen besucht, die ähnlich abliefen (oder zumindest Derartiges erahnen ließen). Von einem langjährigen Mitglied der Organisation weiß er, dass die hier geschilderten Vorgänge seit Jahren zur üblichen Vorgehensweise *Eternal Healths* gehören. Vorausschicken will ich noch, dass die

Teilnehmer von dem, was sie erwarten würde, keine Ahnung hatten. Sie waren auf ein Angebot neugierig geworden, das Karmamedizin versprach, und besuchten das Seminar, weil sie seit längerem mittlere gesundheitliche Probleme hatten.

Der Veranstaltungsort ist der Konferenzsaal eines Tagungshotels am Rand einer größeren Stadt, ein klimatisierter Raum mit dickem, weichem Teppichboden. Etwa 120 Frauen und Männer haben sich eingefunden; soeben betrachten sie das auf eine Projektorleinwand geworfene Bild eines thailändischen Jungen, versonnenes Gesicht, er ist ungefähr 15 Jahre alt.

Vorne steht ein Mann von etwa 45 Jahren, der *Eternal-Health*-Chef. Unter seinen Anhängern gilt er als wahrer Wunderheiler, innerhalb der Bewegung wird ihm die Verehrung eines Gurus zuteil. Für seinen Vortrag ist er weit angereist, im Moment aber schweigt der Medizin-Guru. Der Mann lässt die Fotografie wirken.

Tatsächlich vergeht eine ganze Weile, ehe er den »Weiter«-Knopf drückt und sich ein Gesicht auf die Leinwand schiebt, das man kaum noch ein menschliches Antlitz nennen kann. Und dennoch ist es unverkennbar das Gesicht des Jungen oder eben, was davon noch übrig ist. Unruhe macht sich im Saal breit. Und der große Wunderheiler wendet sich an sein Auditorium und sagt mit ruhiger, ernster Stimme:

»This is what karma can do.«

Der kleine Schocker ist wohlgesetzt. Ja, mehr noch, er ist Teil einer minuziös geplanten und routiniert durchgeführten Hirnwäsche.

Die begann bereits vor Stunden und wie immer bei *Eternal Health* schon beim Prolog der Veranstaltung. Langjährige Mitglieder der Gruppe ergingen sich in endlosen Ankündigungen des angereisten Meisters (so trieben sie die Erwartung hoch); dann traten Geheilte auf die Bühne, im Gepäck berührende Geschichten von Leid und Erlösung durch *seine* Hand; es folgten Videos, die anscheinend zeigten, wie *er* überall auf der Welt Wunder vollbracht hatte. Dann, nach über einer Stunde, sein Auftritt, und als der tosende Applaus ausgeplätschert war, begann er sein feingesponnenes Ränkespiel. Ein Mix aus langatmigen Vorträgen, bitteren Krankengeschichten und Berichten glorreicher Heilungen durch ihn (die bei den Besuchern Hoffnungen aufkeimen ließen); das alles aufgelockert mit kleinen Scherzen. Und immer wieder solche Dämpfer wie eben, Horrorgeschichten, die erzählten, wozu Karma imstande war. Es sind die wichtigen negativen Höhepunkte in seiner Dramaturgie der Verführung.

Ein neuer, *echter* Höhepunkt, so scheint es, folgt gegen 16.00 Uhr, der wichtigste, denn er liest ihr Karma. Also alle rauf auf die Bühne, und er untersucht sie und sagt einem nach dem anderen auf den Kopf zu, was ihn erwartet, womit er es verdient und wann es über ihn hereinbricht. *It's a free gift*, verkündet einer seiner Vertreter über Mikrophon. Die vielleicht einzige Chance, noch mal davonzukommen. Er steht also auf der Bühne vor einem Mann, 50 etwa, fahl, sieht ihn kurz an, sagt kühl und ungerührt: Blasenkrebs. Geht zum nächsten: das Herz; schreitet die Reihe weiter ab und sagt zu einer Frau: Brustkrebs; zur nächsten: grüner Star.

Und während er sich einen nach dem anderen vornimmt, nehmen neben der Bühne bereits drei Damen in Businesskluft an Tischen Platz, wo drahtlose EC-Lesegeräten bereitstehen. Und es dauert nicht lange, da fangen die Geräte an zu rattern und Papierbelege aufzurollen – und *ratsch!* –, die Damen reißen die Belege ab: 600 Euro, 1500 Euro, 1800 Euro, je nach Schwere der karmischen Belastung, und sie vermitteln das Gefühl, das Richtige zu tun.[60]

Für das Ritual, eine Art Segnung mit Handauflegen, haben die drei Seminarteilnehmer, mit denen ich sprach, zwischen 600 und 2100 Euro bezahlt. Eine Frau berichtete mir, der Mann vor ihr in der Schlange, ein Taxifahrer, mit dem sie später noch sprach, habe 3500 Euro ausgegeben. Rückblickend sagen alle meine Informanten, sie waren in diesem Moment nicht mehr sie selbst. Eine Frau berichtet, sie sei mehrere Stunden nach dem Seminar völlig verstört gewesen. Alle fragten sich heute, wie sie sich so haben manipulieren und ausnehmen lassen können.

Ich habe mit diesen Leuten lange gesprochen, mit zweien mehrfach, nicht zuletzt, um mir ein Bild von ihnen zu machen. Und auch wenn ich ihren Glauben an Karma, Handauflegen und dgl. nicht teile, so habe ich keinen Zweifel daran, dass sie ihre fünf Sinne beisammenhaben. Sie stehen im Leben, sind erfolgreich in dem, was sie tun, übernehmen Verantwortung für andere und machten gewiss nicht den Eindruck, instabil, fahrlässig oder leicht beeinflussbar zu sein.

Über eine Sektenberatungsstelle habe ich Kontakt mit

---

60 In der Darstellung wurden ein paar Details geändert, nichts davon ist wesentlich.

einer weiteren Kundin der Firma aufgenommen (*Eternal Health* ist bundesweit bei zahlreichen solchen Hilfseinrichtungen bekannt und gilt selbst als eine Sekte oder »Psychogruppe«). Es handelt sich um eine Frau, die viele Jahre lang zum Kreis der Jünger des Medizin-Gurus gehörte. Sie hat für Karmareinigungen und immer neue esoterische Behandlungen 35 000 Euro ausgegeben. Sie sagt, nicht eine Heilung, die er für sich in Anspruch nimmt, war mehr als Schein, eine kurzfristige Besserung infolge von Suggestion und Hypnose und nach Stunden oder Tagen verflogen.

Wie gesagt, ich kann den Namen der Gruppe nicht nennen, seien Sie im Zusammenhang mit Karma-Reinigungen einfach wachsam.

***

Doch zurück zur Schuldfrage. Dass dem Patienten die Verantwortung für sein Leiden zugeschoben wird, ist leider nicht nur eine Spezialität von geschäftstüchtigen Wunderdoktoren. Das gibt es in der esoterischen Medizin öfter; allerdings in einer anderen Spielart. Die Autorin Alma Fathi hat das Prinzip in einem kenntnisreichen, gut recherchierten Artikel als »Psychologisierung von Krankheit« bezeichnet.[61] Die zugrundeliegende Annahme lautet: Jede Krankheit ist psychisch verursacht. Beziehungsweise: Gesundheit ist eine Frage der geistigen Haltung.

Verbreitung fand diese Idee, die heute auch außer-

---

61 Vgl.: Alma Fathi: »Der Krankheitsbegriff in esoterischen Weltanschauungssystemen«; abrufbar auf der Website der Elterninitiative zur Hilfe gegen seelische Abhängigkeit und religiösen Extremismus, www.sektenwatch.de

halb der Esoterikszene eine gewisse Popularität genießt, im Westen insbesondere seit einer Veröffentlichung der US-amerikanischen Theosophin[62] Alice Ann Bailey (1880–1949), nämlich mit ihrem Buch »Esoterisches Heilen«. Das »Erste Gesetz« in Baileys Lehrgerüst lautet: »Jede Krankheit ist die Folge von gehemmtem Seelenleben.«[63]

(Bailey ist allerdings weniger deshalb umstritten, sondern sie ist es vor allem wegen ihres Antisemitismus, den sie aus der indischen Vorsehungslehre konkludiert. Die Verfolgung der Juden, schreibt die Theosophin, in »Esoterisches Heilen«, sei das Resultat negativen Karmas, welches diese durch die »Frevelhaftigkeit ihres Handelns« angehäuft hätten.)[64]

Eine ähnliche – wenn auch nicht antisemitische – »Selbst

---

62 Als »Theosophie« (griech.: theos und sophia) bezeichnet man allgemein die Suche nach der Erkenntnis des Göttlichen durch innere Offenbarung, Erleuchtung, Mystik oder Spekulation. (Vgl.: Jürgen Kuberski in: »Lexikon der Esoterik«, 2011.) Bailey, ein Mitglied der Theosophischen Gesellschaft, hing einer »modernen Theosophie« an, welche Freimaurerei, Spiritismus, esoterische Lehren des tibetischen Buddhismus u.a.m. vereinigte. 1875 in New York von der deutsch-russischen Okkultistin Helena Petrovna Blavatsky (1831–1891) und 15 weiteren Personen gegründet, wurde die Theosophische Gesellschaft zum einflussreichsten esoterischen Zirkel des 20. Jahrhunderts. Ihr bekanntestes Mitglied war der Anthroposoph Rudolf Steiner.

63 Zitiert nach Kai Funkschmidt: »Stichwort Theosophie«, in EZW: »Materialdienst« 6/2013.

64 »Heute wirkt sich das Gesetz [des Karmas] aus, und so zahlen die Juden sowohl symbolisch wie tatsächlich den Preis für alles, was sie in der Vergangenheit getan haben. Sie sind ein lebendiger Beweis für

schuld«-Ideologie von Schicksal und Krankheit findet sich unter anderem auch in jener medizinischen Ratgeberliteratur, die im »Spiritualität«-Regal der meisten Buchhandlungen steht; zum Beispiel in einem der Klassiker (und Bestseller) auf dem Gebiet des sogenannten Positiven Denkens, in Louise L. Hays Schrift »Heile deinen Körper«. Dort ist zu lesen: »Groll, lange genug gehegt, frisst und nagt, bis er schließlich zu Tumor und Krebs führt.«[65]

Doch auch Hay versteht sich auf die Perversion, bei schweren Krankheiten nicht nur die Verantwortungskeule zu schwingen, sondern die Angelegenheit auch noch sittlich aufzuladen: Als »wahrscheinliche Ursache« für AIDS etwa nennt die Autorin unter anderem »sexuelle Schuldgefühle«. Vollends zum Davonlaufen nimmt sich ihre Sicht der Dinge bei Verletzung aus. Tierbisse beispielsweise deuten entweder auf eine »nach innen gekehrte Wut« oder auf ein »Bedürfnis nach Bestrafung« hin. Machen Sie sich bitte klar, derlei ist ein Bestseller[66] und steht in Hunderttausenden Haushalten in Deutschland im Bücherregal; wie Sie sich bitte auch vor Augen führen, dass Ähnliches und ebenfalls zum Haareraufen Dummes in mannigfaltiger Form existiert.

Beispiel: Thorwald Dethlefsen. Der bekannte Verfech-

---

die weitreichende Wirkung dieses Gesetzes.« (Vgl.: Alice Ann Bailey: »Esoterisches Heilen«, Lucis, Genf 1995, S. 264.)

65 Im O-Ton: »Resentment long held festers and eats away at the self and ultimately can lead to tumors and cancer.« (Ebd., S. 7.)

66 Erstmals 1976 erschienen, ist Hays 95-Seiter nach fast 40 Jahren noch immer ein absoluter Top-Seller. Anfang 2014 etwa rangierte die deutschsprachige Ausgabe bei Amazon auf den Verkaufsrängen 161, 197 und 238.

ter der »esoterischen Psychologie« schreibt in »Krankheit als Weg«:

»Wir suchen uns unsere Unfälle, wie wir uns unsere ›Krankheiten‹ suchen, und dabei schrecken wir vor keiner ›Sache‹ zurück, um sie als ›Ursache‹ zu benützen. Doch die Verantwortung für all das, was uns in unserem Leben zustößt, tragen wir immer selbst. Davon gibt es keine Ausnahme – deshalb kann man aufhören, Ausnahmen zu suchen.«[67]

Die Inhaftnahme des Patienten findet man auch bei dem Esoteriker, Antisemiten und Erfinder der »Germanischen Neuen Medizin« Ryke Geerd Hamer, denn Hamer lehrt: Krebs sei eine Krankheit der Seele; beim Autor und Lebensberater Klaus Koeppe, der über Blindheit schreibt: »Statt die Wirklichkeiten als das zu erkennen, was sie sind: selbst erschaffen […], und sie aktiv zu verändern, wählt der Betroffene die Erblindung: ›Ich will es nicht mehr sehen! Ich will nicht mehr hinschauen! Ein für alle Mal!‹«; oder beim Mentaltrainer Ralf Bihlmaier, der u. a. dies zu bieten hat: Asthma ist ein Ausdruck »nicht geweinter Tränen«, Arthritis deutet auf Sturheit hin, Durchfall ist ein (seelischer) Loslöseprozess und Epilepsie ein Anzeichen für »innere Zerrissenheit« und/oder eine »Ablehnung gegen sich selbst«.

Der teils durchschlagende Erfolg solcher Ideen in Buchform hat viele Gründe. Eine besondere »Stärke« ist aber wohl, dass sie eine Art Erklärung für Krankheit und Leid anbieten, etwas, das die Schulmedizin auf diese Weise nicht leisten kann. Dazu kommt, dass sie Hoffnung auf

---

67 Zitiert nach www.narayana-verlag.de, Stand: Januar 2014.

Heilung machen, wo die wissenschaftliche Medizin nicht mehr weiterkommt; dass sie für *sanfte* Heilweisen stehen, statt für OPs, Chemotherapie und Bestrahlung; dass sie den Ohnmächtigen Macht verleihen: *Sie selbst*, so die wohl eher trügerische Botschaft, können ihr Schicksal abwenden.

Damit ist aber auch ein Pferdefuß benannt. Es gehört nämlich zur Logik der psychologisierenden Ansätze, dass neben der Ursache der Krankheit auch deren *Heilung* vom Patienten abhängt, und zwar allein von ihm. Was das impliziert, liegt auf der Hand: Wird der Patient *nicht* gesund – etwa durch Änderung seiner »Denkmuster« – ist es auch sein Versagen. Die neugewonnene Macht verkehrt sich in nie dagewesene Ohnmacht. Im Gegensatz zur Karmatheorie bieten solche Vorstellungen dann allerdings nicht mal Trost.[68]

Wer sich in der esoterischen Szene bewegt, wird feststellen, dass derlei nicht bloß in ein paar Büchern steht, es wird auf breiter Basis genauso auch geglaubt. Wirklich, man hört so was ständig. Und man kann es natürlich in Internet-Foren lesen, wo man Statements wie dieses findet: »Für mich hört es sich so an, als ob du dich innerlich gegen deine Heilung blockierst.«

---

68 Derlei ist allerdings typisch für fast alle Bereiche der esoterischen Medizin. Die übliche Argumentation lautet: Erfährt der Patient Genesung, waren es die Heilriten, die subtilen Energien oder die übernatürlichen Kräfte des Heilers. Bleibt der Erfolg aus, dann hat eben der Patient zu wenig meditiert, beim Singen seiner Mantren den nötigen Einsatz vermissen lassen etc. pp.

2. Astromedizin

Im Februar 2012 habe ich mich selbst zum Versuchskaninchen der Esoterik-Medizin gemacht. Ich habe nämlich versucht, einen Rippenbruch mit Planetenfrequenzen zu kurieren. Ja, ganz recht: mit kosmischen Klängen. Das war nach dem bereits erwähnten Fahrradunfall.

Es war ein nasskalter Tag im Februar, jedoch ohne Eis oder Schneematsch, und ich rollte mit dem Fahrrad durch Kreuzberg. Die Straßen waren fast verkehrsfrei, was sich als Glück erweisen sollte. Ich war gerade in eine breitere Straße eingebogen, als plötzlich und ohne dass ich begriff, wie es geschah, das Vorderrad blockierte. Der Reifen dreht sich quer, als würde er herumgerissen, und es hob mich aus dem Sattel. Als ich mich aufrappelte, tanzten mir Sterne vor den Augen.

Einige Minuten später, ich saß bereits wieder auf dem Drahtesel, meldeten sich die Schmerzen in der Brust, das Atmen fiel mir schwer. Und da tippte ich – wie sich später herausstellen sollte, richtig – auf eine Rippenfraktur.

(Dass ich mit meiner Vermutung recht behielt, hat bloß damit zu tun, dass mir das blöde Gesamtgefühl aus Stechschmerz und Atemnot von einem Sportunfall aus Schultagen bekannt ist, einer ziemlichen Karambolage, an der neben mir ein fabrikneues, unerwartet straff bespanntes Trampolin sowie mein Klassenkamerad Karli beteiligt waren. Ich hatte als guter Turner in jener Sportstunde im Unterstufenjahr '85 Hilfestellung bei einer Art Handstandüberschlag zu leisten. Meine Mitschüler sollten sich im Anflug mit den Händen einer von dieser Turnboxen abstoßen, wozu das Trampolin benötigt wurde. Wir hatten gerade aufgebaut und ich Stellung bezogen, als schon die Trillerpfeife schrillte und Karli, warum als Erster, weiß ich nicht, losstürmte: Karli, der ein Genie mit dem *Rubik's Cube* und in Mengenlehre war, einen aber immer abschreiben ließ [nicht selbstverständlich], Karli, ein asthmatisches Kerlchen mit blassem, traurigem Gesicht, das vor dem Sprung noch zwei Hübe aus seinem Druckgasinhalator eingesaugt hatte, um für das Anlaufen genug Puste zu haben, Karli, der zu diesen unkontrollierten, unvorhersehbaren Bewegungen neigte wie alle Menschen, die einfach nie Sport machen, Karli hatte mächtig Schwung …)

Das alles fiel mir eben wieder ein, auf dem Fahrrad. Und Erinnerungen kamen hoch an drei Wochen, in denen man sich kaum bewegen konnte und Schmerzen hatte.

Doch wie lautet das Mantra der Unverwüstlichen? Kein Schaden ohne Nutzen. Und so entschied ich mich, aus meinem Unglück eine Recherche zu machen. Das erste Mal würde ich etwas anderes als bloß Schulmedizin ausprobieren. Also bog ich vorsichtig und mit leicht gequälter Miene vom eingeschlagenen Weg ab und steuerte einen Esoterik-Shop an. Eine halbe Stunde später war ich im Besitz einer CD mit den besagten »Planetentönen«, Titel: »Heilen mit kosmischen Klängen«.

Die kosmischen Klänge hat Thomas Künne aufgezeichnet. Der Mann ist Schwingungsexperte von Beruf und hat eine Praxis, wo er seine Patienten mit der Stimmgabel behandelt. Kein Scherz! Seine CD verspricht, meinen »inneren Heiler« zu aktivieren, indem die Planetentöne »wie ein Souffleur auf ›verstimmte‹ Körperbereiche« wirken würden.

Zu Hause bezog ich also vorsichtig den bequemsten Sessel, schob die CD in den Laptop-Slot und saß dann mit Kopfhörern auf den Ohren da und wartete.

Die Therapie beginnt mit *Om!*-Gesängen, welche von heiseren Männern vorgetragen werden (vermutlich tibetanische Mönche). Nach ein paar Minuten meldet sich der Autor zu Wort. Künne fordert mich auf, ich möge mich nun in eine »endsbannde Bosition« bringen. (Der Mann lebt in Limburg an der Lahn, da spricht man wohl so.) Dann lasse ich mich in einem unsichtbaren Gefährt immer tiefer in meine innere Ruhe hinabgleiten, in der bekanntlich die Kraft liege usw. (Unter den in den nächsten Minuten folgenden Weisheiten gefällt mir am besten: »Deine Wahrnehmung hat immer mit dir selbst zu tun.«)

Offen gesagt, sonderlich professionell produziert klingt Künnes CD nicht, sondern eher billig und nach Homestudio. Das Mikro rauscht, und die Übergänge sind einfach mal alles andere als sauber. Für 14,95 Euro kann man heutzutage ein bisschen mehr erwarten, finde ich. Aber gut, das tut nichts zur Sache. Und bei Track Nummer zwei geht es dann auch mit den Planetenfrequenzen los.

Wirklich, ich will darauf gar nicht lang herumreiten, aber die Sonnenfrequenz, ein imposantes Brummen übrigens, klingt doch ziemlich verdächtig nach einem Synthesizer; desgleichen der Merkur (auch *con forza*); und der Mond weist Ähnlichkeiten mit dem Soundeffekt auf, der in Karate-Streifen der achtziger Jahre immer ankündigt, dass der Held gerade in Gefahr steckt. Egal, irgendwo auf dieser meditativen Astralreise zwischen Jupiter- und Mars-Klang schlafe ich ein.

Zwei Tage später ist es offiziell, ich habe mir eine Rippenfraktur zugezogen. Dr. Bohrer, der Unfallmediziner, verteilt mit seinen Metzgerpranken Desinfektionslösung auf den rasierten Unterarmen und verschreibt mir Mittelchen. Ich hole sie aber nicht ab, sondern bleibe bei der Klangbehandlung. Zweimal täglich gebe ich mich nun 30 Minuten dem Sound des Universums hin.

Um auch das hier nicht unnötig auszubreiten: Es dauerte wie beim letzten Mal drei Wochen, bis die Schmerzen verflogen waren. Aber ich habe immerhin viel mehr gepennt als sonst. Und ganz schön verrückt geträumt.

***

Künnes Planetenfrequenz-Therapie gehört im weitesten Sinn zu einem Bereich der esoterischen Medizin, die man Astromedizin (respektive »astrologische Medizin«) nennt. Auch diese hat eine lange Tradition, denn bereits die alten Alchemisten haben auf Planetenkräfte vertraut und Astroheilmittel hergestellt, sogenannte Spagyrika[69]. Bis heute werden solche Pillen gedreht, und das Angebotsspektrum

---

69 Alchemie, die Vorläuferin der modernen Chemie, ist vor allem dafür bekannt, dass man versuchte, Gold herzustellen, wozu – richtig – der »Stein der Weisen« *(Lapis philosophorum)* benötigt wurde. Gemeint ist eine magische Substanz, aber »Stein der Weisen« steht auch für die »höchste alchemistische/mystische Erkenntnis«. (Vgl. etwa Sabine Doering-Manteuffel: »Okkultismus«, S. 70 f.) Darüber hinaus haben Alchemisten, die man sich am besten als mittelalterliche Gelehrte in relativ einfachen Laboren vorstellt, auch therapeutisch und pharmazeutisch gearbeitet; mit Destillierkolben, Brenner und Mörser suchten sie nach einem Mittel, das ewiges Leben schenkt, und arbeiteten an ihrer mystischen Läuterung.

ist riesig; kein Wehwehchen, wogegen es keine Tablette gäbe.[70]

Wie schon die Karmamedizin, so ist auch die Astromedizin nicht bloß für Körper, Geist und Seele gut. Die eingenommenen Substanzen sollen auch auf das Schicksal Einfluss nehmen. Die folgende Tinktur beispielsweise, gefunden bei einem Heilpraktiker-Netzwerk,[71] schützt, »gegen böse Folgen von Schicksalsschlägen«. Man nehme:

– *Ambra.* Die aus der Parfümfertigung bekannte Eingeweideausscheidung des Pottwals weist laut dem Rezept Mond-Frequenzen auf und ist »Seelenbalsam für ›Tränentiere‹«. Eingenommen wird Ambra als *dil. D6*[72]
– Grauspießglanz, ein Mineral, das Saturnkräfte besitzen soll, *dil. D12*
– Gold-Dilution (mit Sonnenpower), *dil. D12*

---

70 Der Tradition Paracelsus' (1493–1541) gemäß, der als ihr Begründer gelten kann, geschieht das unter Berücksichtigung kosmischer Vorgänge. Wirksam sollen bei den Mitteln weniger die Ursprungssubstanzen als vielmehr »metaphysische Kräfte« sein. Die Ausgangsstoffe werden übrigens extrem verdünnt. Weshalb man die Spagyrik auch als die »Mutter der Homöopathie« bezeichnet.

71 Nachzulesen in der Zeitschrift *Naturheilpraxis* und auf der Website der Arbeitsgemeinschaft für Traditionelle Abendländische Medizin, Natura Naturans.

72 Die Abkürzung dil. ist bloß das in der Pharmazie gebräuchliche Kürzel für Dilution, zu Deutsch: Verdünnung. Der Grad der Verdünnung (in der Homöopathie spricht man von »Potenz«) wird mit Dx angegeben, wobei x = 6 bedeutet, der Wirkstoffgehalt liegt bei 0,000001 je Maßeinheit bzw. 1.100 000. Wenn ich richtig gerechnet habe, ist das ziemlich genau ein Tropfen auf fünf Liter Wasser, also ziemlich wenig. Jedoch echt viel in homöopathischen Größenordnungen, wo bis zum Faktor 1.10^{2000} verdünnt wird.

- Kupfersilikat, welches über Venusenergien verfügt, außerdem ist es ein beliebtes Mittel zur, Zitat: »Integration wesensfremder Sinneswahrnehmungen«, *dil. D30*
- Zinnkraut (Saturn- und Mondkräfte), unterstützt die »Nervensignatur«; keine Ahnung, was das sein soll, *dil. D6*
- Johanniskraut (Sonne) ist laut den Autoren des Rezepts das beste »Verschreikraut, wenn Nichtmenschliches einen bedrängt«, *Urtinktur*[73]
- Phosphor (Sonne), ein »Träger der Lebensenergie«, *dil. D12*
- Die rosafarbene Blüte der Alpenrose, denn sie schwingt in Venus- und Saturnfrequenzen und »hält widrige Umstände aus«, *dil. D6*
- Goldrute, ein Korbblütler (Sonne, Merkur); im Rezept heißt es dazu: »Angst braucht immer auch eine Ableitung über die Niere«, *Urtinktur*
- Zink (Venus), ein gutes Mittel »bei Nervenzerrüttung«, *dil. D10.*

Jeweils 10 ml über die Apotheke bei Weleda mischen lassen; 1- bis 3-mal täglich 10 bis 15 Tropfen einnehmen. Und siehe da, das Schicksal lacht einem wieder.[74]

---

73 »Urtinktur« ist der mit Ethanol vermengte Presssaft einer Pflanze oder der Auszug aus pflanzlichen oder tierischen oder humanen Rohstoffen, einschließlich widerwärtiger Eiterauszüge. (Siehe nächste Fußnote.)

74 Ambra ist längst nicht die einzige Widerlichkeit, die man sich als Patient der esoterischen und homöopathischen Medizin zuführen soll. Für die bekannten Globuli etwa werden neben Pflanzen und Mineralien u. a. verwendet: Krebsgeschwüre, Eiter und Krankheitserreger

Pure Sternenkraft steckt auch in AstroVital. Das Mittel ist die Erfindung des Naturheilzentrums Allgäu, wo man den Vitalstoffbedarf der zwölf Sternbilder erforscht und für jedes eine eigene Kapsel entwickelt hat, wie es in einer Pressemitteilung heißt.

Dass Jungfrauen andere Vitamine brauchen als Wassermänner, ist eine Behauptung, die ich eigentlich so stehen lassen wollte. Wenn man daran glauben will, bitte, okay. Aber dann fiel mir auf, dass der Text es nicht bei dieser Behauptung belässt. Er versucht, mit allen Mitteln durchzudrücken, dass das Zeug gekauft wird. Wie? Indem er eine Bedrohung heraufbeschwört, vor der einen anscheinend nur Nahrungsergänzungsmittel wie AstroVital bewahren können.

Denn während der Anteil an lebenswichtigen Vitaminen in unserer Nahrung zurückgehe, so der Text, nähmen Stress und Umweltbelastung zu. Und da öffne sich, Zitat: »eine gefährliche Schere«. Die Folge sei ein »immer schwerer werdender Kampf des Immunsystems gegen Freie Radikale« (die hier auch »zerstörerische Killerzellen« heißen). Weitere Folge: »Wir brauchen täglich Nahrungsergänzungsmittel, sonst verlieren wir diesen Wettlauf – mit schlimmen Folgen, bis hin zum Krebs.«

Das Miese der hier vorgeführten PR-Taktik besteht na-

(sogenannte Nosoden), ferner Hundekot, zermahlene Spinnen und Delphinmilch (!), fermentierter Tabak und menschliche Plazenten. Derlei hexenrezeptartige Ausgangsstoffe sind wohl ein Grund, warum die Homöopathie – eigentlich nicht ganz korrekt – von Kritikern der Esoterik zugerechnet wird. Ein anderer ist der Herstellungsprozess, welcher manche Autoren an magisch-schamanenhafte Rituale erinnert – Stichwort: »rhythmisches Verschütteln in Richtung Erdmittelpunkt«.

türlich darin, dass sie Angst schürt, wie es auf ein paar Zeilen kaum besser geht. Doch damit nicht genug, es wird ins Obermiese potenziert – durch explizite Versprechen auf Schutz. Man müsse nämlich nur AstroVital nehmen, denn »das bringt Hilfe gegen: Allergien, Magen- und Darmerkrankungen, Depressionen, Krebs, Burn-out-Syndrom, Immunschwäche«.

(An dem ansonsten im üblichen ärgerlichen PR-Stilregister verfassten Text gefällt mir allerdings, was ganz am Schluss zu lesen ist; denn dort wird als verantwortlicher Autor ein gewisser Herr Sünder genannt. Man nehme es als freundlichen Wink des Universums und verzichte vorerst auf Bestellungen der Panik-Kategorie.)

Interessant fand ich die Quelle aber noch aus einem anderen Grund. Nämlich weil Herr Sünder für das Internet-Portal www.bankhofer-gesundheitstipps.de arbeitet. Und da klingelte was bei mir.

Vielleicht kennen Sie den TV-Journalisten Hademar Bankhofer. Der Österreicher war jahrzehntelang unter anderem für die ARD als Gesundheitsexperte tätig. Bis jemandem auffiel, dass Bankhofer bei diversen TV-Auftritten die Vorzüge einer Pflanze namens Klostermelisse gelobt hatte. Eine solche Pflanze existiert jedoch gar nicht. Der Name ist ein eingetragenes Produkt der Klosterfrau Healthcare Group, dem Hersteller des bekannten Klosterfrau Melissengeists. Ein Zufall? Nun, der nette Fernsehonkel Bankhofer hatte nach Recherchen des *Stern* zu diesem Zeitpunkt einen Beratervertrag mit dem Unternehmen. Bankhofer wies die Vorwürfe zwar zurück, doch die ARD trennte sich im Juli 2010 von ihrem langjährigen Gesundheitsexperten. Jetzt machte »Mister Gesundheit« – der seither auch als »Melissa-Mann«, »Mr. Schleichwerbung« und »Prof. Klosterschnaps« tituliert wurde – also offenbar PR für ein esoterisches Heilmittel.

Doch noch ein Weiteres war interessant: Weder im Onlineshop der Allgäuer noch irgendwo sonst war AstroVital zu bekommen. Um über die Hintergründe des merkwürdigen Verschwindens mehr zu erfahren, habe ich mich als potentieller Kunde ausgegeben und die Naturheiler per E-Mail kontaktiert. Ich schrieb, ob man AstroVital nicht vielleicht noch irgendwo beziehen könne, ich würde nämlich mit den Schützepillen liebäugeln. Ein paar Tage später antwortete mir Edmund C. Herzog, der Chef persönlich. Leider habe er keine AstroVital mehr, so Herzog, die Produktion sei eingestellt worden. Doch er könne mir noch zwei Schütze Booster anbieten. Es handele sich um Restbestände mit überschrittenem Haltbarkeitsdatum, aber man könne sie noch einnehmen. Ich signalisiere Interesse und frage, ob die »Booster« auch gegen Burn-out und Depressionen helfen, wie ich das über AstroVital gelesen hätte. (Fangfrage, klar.) Und dann herrscht erst mal Funkstille. Zwei Wochen später meine Nachfrage, und Herzog antwortet, die Booster seien nun leider doch schon weg; auf die Burnout-/Depressionen-Angelegenheit geht er nicht ein.

Doch das macht gar nichts, denn, wie schrieb der Allgäuer Firmenchef noch gleich? Die Rezepte schlummern weiter in den Schubladen, und jetzt, da es so viele Anfragen gebe, überlege er, AstroVital wiederaufzulegen. Außerdem hatte er mir ja das Buch »Medizin der Sterne« empfohlen. Dessen Autor ist laut dem Web-Shop der Allgäuer der »erfolgreiche Heilpraktiker ›Edmund C. Herzog‹« selbst. (Warum man Herrn Herzog allerdings in Anführungszeichen setzen muss, ist mir ein Rätsel, über das ich in längeres Grübeln gerate.) Keine Frage besteht allerdings bezüglich der dringenden Notwendigkeit, das Buch *sofort* zu bestellen, denn, so heißt es da finster dräuend weiter: »Was dem Fisch guttut, kann dem Löwen schaden.« Und ganz unten ist zu lesen: »Mit Ernährungstipps des bekannten Sternekochs ›Alfons Schuhbeck‹!« Es ist also noch ein netter Fernsehonkel mit im Boot.

3. Energiemedizin

Auch dem bedeutendsten und größten Teilgebiet esoterischer Medizin habe ich mich anvertraut, dem »Energetischen Heilen«.[75] Ich hatte mir nämlich eine chronische Nasennebenhöhlenentzündung eingefangen, die ich zwar mit Antibiotika in den Griff bekam. Doch jedes Mal, wenn die

---

75 Wie Esoterik ein Container-Begriff für eine riesige Menge an Angeboten: u.a. Reiki, das mittlerweile die im Westen beliebteste esoterische Behandlungstherapie überhaupt sein soll, ferner Geistheilen, Rolfing, Chakrentherapie, Aura-Reinigung, Edelsteintherapie, Pyramidenkraft-Behandlungen, Quantenheilung, Bioresonanztherapie, Biophotonentherapie und vieles mehr. Meist liegt den Behandlungsweisen die Vorstellung eines inneren Kreislaufs von Lebensenergie zugrunde. Man stellt sich vor, Ki, Chi oder Prana zirkulieren durch Organe, Gefäße und so weiter – bzw. durch ein System von Meridianen oder Chakren. Ist der Fluss kräftig und gut, ist der Mensch vital und gesund. Doch wehe, er stockt irgendwo. Dann drohen Krankheit, Hinfälligkeit und Tod. Als Ursache für diese sogenannten Blockaden gilt vielerlei, von Stress über negative Gedanken und Elektrosmog bis zu Plomben-Amalgam, dem Fluorid in der Zahnpasta oder Schwermetallen in der Nahrung, aber auch Geister, Dämonen und Flüche sollen den Strom der Lebenskraft hemmen können.

Schachtel aufgebraucht war, dauert es nicht lange, und das Gerotze ging von vorn los, und der fiese Druck im Kopf war auch wieder da. Drei Antibiotika-Zyklen halfen kein Stück, und die Schulmedizin zuckte bloß mit den Achseln und bot mir eine Operation an, bei der sie gedachte, mir auf der Naseninnenseite ein drittes Nasenloch zu verpassen, kein Scherz: zur Belüftung, was ich erst mal nicht überstürzen wollte.

Einen Versuch waren Alternativen da allemal wert. Ich entschied mich für *den* Klassiker, die Edelsteintherapie,[76]

---

76 Auch »Kristall-«, »Lithot-« oder »Gemmotherapie« genannt. Angeblich sollen chinesische Heiler bereits 3000 v. u. Z. Kranke durch Auflegen von Mineralien behandelt haben. Sicher ist, dass man Mineralien und Edelsteine im alten Ägypten medizinisch verwendete. Das Papyrus von Eber (um 1600 v. Chr.) beschreibt ein Ritual, bei dem die angenommene Wirkung der Edelsteine mit gesprochenen Zauberformeln kombiniert werden sollte; man versuchte, die Krankheit auf diese Weise in den Stein zu bannen. Im antiken Rom nahm man Medikamente aus Steinmehl. Die Äbtissin und Mystikerin Hildegard von Bingen (1098–1179) nennt in ihrer Schrift »Liber simplicis medicinae« (»Physika«) diverse Anwendungen für Mensch und Vieh. Fast der Vergessenheit anheimgefallen, erlebte die Kristalltherapie ab den 1960ern im Rahmen der New-Age-Welle eine Renaissance. Heute ist auf dem Buchmarkt eine riesige Menge an Heilsteinratgebern erhältlich. Ferner: mit Kristallmehl gefüllte Pillen, Teebeutel mit Steinpulver zum Aufbrühen, Kettchen, Anhänger und natürlich Steine pur. Das behauptete Wirkungsspektrum ist breit, Bernsteinkettchen etwa werden als Zahnungshilfe für Babys angeboten, aber man bekommt auch den passenden Steinmix gegen »Kratzzwang« oder die Neigung zu cholerischen Ausbrüchen. Manche Kristalle sollen aus Frauen wahre Gebärmaschinen machen, omnifertile Überfrauen, die schon schwanger werden, wenn man sie bloß lüstern ansieht. Sugilithe haben angeblich bereits Gehbehinderte aus ihr Rollstühlen befreit und hellsichtig gemacht. Jade am Körper getragen schützt »das ganze Jahr über vor Unfällen« etc.

und besorgte mir in einem kleinen Laden, der sich auf Steine spezialisiert hatte, einen grünen Saphir. Den Edelstein legt man auf die bakterienbesiedelte Kieferhöhle, wo man ihn 20 bis 30 Minuten seine Wirkung entfalten lässt. Sodann den Stein unter fließendem lauwarmem Wasser abwaschen, trockenrubbeln und aufs Fensterbrett damit. Dort soll er sich neu mit Energie aufladen. Prozedur täglich wiederholen.

Da das alles auch nach drei Wochen nichts geholfen hatte und man mir einen Ozeanjaspis empfahl, wechselte ich das Therapeutikum. Nach zweiwöchiger Behandlung mit gleichem Resultat, versuchte ich es mit einem blauen Larimar, ebenfalls eine Empfehlung bei hartnäckigen Nebenhöhlengeschichten. Nach weiteren sieben Tagen Kristalltherapie hatte ich immer noch die Nase voll.

Aber die hartnäckigen Keime sollten noch deutlich mehr Energiemedizin zu spüren bekommen: Auf den Esoterik-Tagen Berlin ließ ich mir Reiki übertragen; ich sang vier Wochen täglich morgens 20 Minuten den transzendenten Urklang *Om* und die Chakren-Laute *Lam*, *Vam*, *Ram*, *Yam* und *Ham*, ein Insider-Tipp von der Messe; nicht zu vergessen die Heilenergieübertragung auf dem Yoga-Festival, die vier Seminare bei der vorerwähnten Medizinsekte, und Anfang September ließ ich mir von Claudia, einer Bekannten meiner Mutter, einen Heilenergiesegen schicken, wobei ich selbst allerdings nichts weiter tun musste, als entspannt im Bett zu liegen, während sie, 600 Kilometer Luftlinie entfernt, irgendwas auf dem Balkon abbrannte, ein Tamburin schlug und sang (nennt sich Neo-Schamanismus, glaube ich; die genaueren Hintergründe sind mir nicht bekannt).

Persönlich finde ich es nicht entscheidend, dass mich das alles am Ende nicht von meinen Beschwerden kuriert hat. Für mich persönlich ist etwas anderes interessant, denn es passierte Unerwartetes. Zeitweise und länger anhaltend verspürte ich nämlich immerhin eine gewisse Linderung. Da ich bei aller neuen Offenheit nun auch nicht geneigt war, sofort an Chi-Kräfte zu glauben, suchte ich eine andere Erklärung. Ich vermutete, es könne an der Entspannung liegen, die ich bei der Durchführung einiger meiner Heimkuren erfahren hatte. Also fing ich testhalber an, regelmäßig zu meditieren. Ganz unesoterisch aber, ich übte mich in einer einfachen Aufmerksamkeitsmeditation. Und siehe da, das half, das gab Linderung. Zumindest wurden die Schmerzen weniger. Im Übrigen bin ich dabei geblieben. Ich habe tatsächlich die Meditation für mich entdeckt, als ein Mittel der Erholung. Sie ist für mich eine kleine innere Oase, die mich erfrischt und entspannt.

Gegen meine Nasennebenhöhlengeschichte hat am Ende ein Besuch beim Zahnarzt geholfen. Auf einem Röntgenbild hatte der entdeckt, dass sich unter einem wurzelbehandelten Backenzahn eine Zyste gebildet hatte. Ein ziemlicher Brummer war da herangewachsen, der den Kieferknochen daumenförmig verdrängt hatte und dann in die Kieferhöhle vorgedrungen war, wo Keime sich ausbreiten konnten. (Ziemlich faszinierende Aufnahme, übrigens.) Aber egal, der Zahn wurde gezogen, und ich hatte Ruhe.

***

Dass Tanzen die Stimmung hebt, ist klar, aber dass sich Krieg und Missgunst unter den Menschen wegtanzen lassen, war mir, offen gesagt, neu. Das Gleiche galt offenbar bei diversen körperlichen Leiden, bei Unfruchtbarkeit und Unbeliebtsein. Dies entnahm ich im Esoterikshop einem Werbeflyer für ein Programm namens »Chakren-Tanz«.

Chakren-Tanz bei Susanne findet einmal wöchentlich statt. Der Kurs soll die »weibliche Energie« der Teilnehmer aktivieren, denn der Mangel daran sei bei Weiblein und Männlein heute groß, und das sei auch der Grund für feindselige Gefühle, Verrat, Krieg und Krankheit. Würden aber alle ihre »innere Göttin« tanzen, das Leben wäre doch ein Ponyhof.

Man verstehe mich hier jetzt bitte nicht falsch, jeder soll lieben, wen und was er möchte, null Problemo. Aber ich war eben auch auf genug Schwulenpartys, um eine lebhafte Vorstellung davon zu besitzen, wie es aussehen musste, wenn *ich* meine innere Göttin tanzen würde. Die Wirklichkeit jedoch fiel hinter meinen wilden Marianne-Rosenberg-Phantasien deutlich ab.

Nachdem wir ziemlich lange auf weitere Teilnehmer gewartet haben, stellen sich Susanne und ich eben zu zweit in der Mitte des Raumes auf und beginnen mit dem Anregen unserer Chakren.

Der Übungsraum liegt in der ersten Etage eines alten Schulgebäudes. Er verfügt über eine verspiegelte Wand wie im Ballettstudio. Am Boden liegt ein traurig stumpfer PVC aus. Kühl ist es und dunkel.

Susanne und ich atmen ein und visualisieren, wie wir die Energie von Mutter Erde durch unsere Fußsohlen in die Beine ziehen. Mit der Atembewegung lassen wir Gaias

Kräfte durch den Körper aufwärtsströmen, um sie dann als einen Strahl gleißend weißen Lichts durch das in der Schädeldecke befindliche Kronen-Chakra gen All zu entlassen. Dies zehn Minuten lang.

Um die Chakren weiter zu öffnen, müssen anschließend Energielaute gesungen werden, »Om«, »Ram«, »Vam« und so weiter.

Meine Lehrerin knipst ein funzeliges Licht an, das dem Raum eine warme Atmosphäre verleiht. Dann schaltet sie einen CD-Spieler ein: »Wassermusik«. Denn »Wasser«, so Susanne, »hat mit Reinigung zu tun.«

Zu Bachrauschen, Wassergetropfe und Bambusflötenklang erfolgt der Unterricht in den Grundschritten. Um meine weibliche Energie in Schwung zu bringen, kreise ich die Hüften verführerisch in Bauchtanz-Manier, dann rolle ich bei einer Art *Moon Walk* elegant die Fersen ab; ich kreuze grazil Wade und Schienbein beim griechischen Sirtaki, um schließlich im Wechselsprung die Beine hochzuschleudern wie ein Kosakenmädchen beim Kasatschok. 20 Minuten später, und wir stehen uns schwer schnaubend gegenüber.

Dann tanzen Susanne und ich – eine hoch aufgeschossene Frau mit schweren Brüsten übrigens, die zweifellos keinen BH trägt – *freestyle*. Dabei gilt, »alles soll abfließen«. Der Zweck der nächsten Übung ist, »mit dem Partner in Kontakt zu treten«. Offenbar gelingt das am besten, wenn man sich dabei ununterbrochen in die Augen guckt, sich an den Händen hält und hin und her hopst. (Wobei Susanne erst kichert wie ein Schulmädchen und dann nicht mehr aufhören kann zu lachen.) Zwanzig Minuten geht der Ringelpiez mit Anfassen, und nach weiteren Durchgängen

Bauchtanz und Kosakensprung stehen wir vis-à-vis da, halten uns an den Händen und blicken uns an wie Schwestern im Geiste. Und die Stimme einer Frau von der CD sagt zu New-Age-Musik, dass unsere Chakren nun strahlen, in wunderschönen Farben.

VI.
Ernährung

1. Mondwasser und Co.

Welche Reaktionen man auslösen kann, wenn man sagt, dass man sein Wasser normalerweise direkt aus der Leitung trinkt, hätte ich nicht gedacht. Die Frau sah mich hinter ihrem Stand auf der Esoterikmesse mit einer Mischung aus Entsetzen und Mitleid an. (Allerdings war es die Art von Mitleid, mit der man ein dummes Kind ansieht.) Den Grund für ihre Reaktion verstand ich erst später. Es war die in der Szene verbreitete Angst, Leitungswasser könne »negative Energien« enthalten, sei vergiftet mit »schlechten Schwingungen«.

Dass es ein Unmenge an Geräten gibt, mit denen das angstbesetzte Getränk zu Hause wieder genießbar gemacht werden kann, ist da nur logisch. Es gibt Edelstein-Aufguss-Sets, Filter-Apparate oder einfache Aufsteckfilter für den Wasserhahn. Was sie durchläuft, gilt als sicher, denn es wurde »(re-)strukturiert« »vitalisiert«, »ionisiert« oder »(wieder-)belebt«. (Letzteres ist vor allem bei Leitungswasser wichtig, denn das wird durch Rohrleitungen »gequetscht«, was, falls Sie es noch nicht wussten, Wasser praktisch umbringt.)

Das Gleiche bei festen Lebensmitteln: Auch hier

herrscht absolute Panik vor drohende Unbilden. Doch auch gegen die in fester Nahrung enthaltenen Astralleib-gifte gibt es Schutz: die bekannten Pyramiden etwa oder den »Hildegard Orgonakkumulator«. Der »Hildegard Orgonakkumulator« ist ein mit magischen Zeichen versehe-nes Brettchen. Er sammelt, verstärkt und *akkumuliert* laut Hersteller Biostrahlung. Man legt Lebensmittel einfach drauf, und nach ein paar Minuten, *Simsalabim! Hex, hex!* ... Stückpreis: 1250,– Euro. (Zu beziehen bei der Firma Bio-energetik-Zentrum aus Marxheim.)

Billiger geht's bei HPS Bioenergie Systeme, die Energie-Bretter zu 35 Euro je Stück verkloppen. Die HPS-Brettchen sind nämlich in der Lage, gewöhnliche Lebensmittel »aufzu-werten«. Gemeint ist laut HPS nicht nur ein geschmackvol-les Erlebnis, es werden demnach Schadstoff-Frequenzen so-wie Säuren harmonisiert, so dass die Lebensmittel »gesund und bekömmlicher für Mensch, Tier und Pflanzen sind«.

Das Unternehmen distanziert sich übrigens ausdrück-lich von den »vielfältig angebotenen Tachionen-Orgon-Produkten«. Aber gut, das kann nicht verwundern, denn die Tachionen-Typen sind der Mitbewerber. Lustig ist nur die Begründung: »Wir haben feststellen müssen, dass vie-le dieser Artikel nicht funktionieren.« (Als Tachionen be-zeichnet die Physik Elementarteilchen, die zwar in der exakten Wissenschaft bisher als hypothetisch gelten, des-sen ungeachtet aber bereits in einer Menge fabelhaft nütz-licher Esoterik-Produkte stecken.)

Doch die heimische Entgiftung von Normal-Lebensmit-teln ist nicht die einzige Möglichkeit. Es gibt eine zweite, und die führt uns in den Bio-Markt.

Der kleine Bio-Markt bei mir um die Ecke gleicht von innen der Kammer in einem Bauernmuseum, ein enger Raum mit niedriger Decke und einem alten, tröstlichen Geruch. Schummerig ist es, und in den Obstkisten liegen Äpfel, so wurmstichig und buntscheckig wie von der Streuobstwiese.

Uns interessiert aber zunächst, was es in der Getränkeabteilung gibt. Denn dort finden wir St. Leonhards, ein sogenanntes lebendiges Wasser. In acht Sorten ist es erhältlich, und jede schwingt in einem anderen Frequenzbereich; eine Sorte wird sogar eigens bei Vollmond abgefüllt. Daneben: ein paar Flaschen Lauretana – ebenfalls quicklebendig.

Doch auch in der Obst-und-Gemüse-Abteilung werden wir fündig. Dort nämlich liegen zwischen winzigen Kohlrabi und Blattsalaten mit Schneckenspur Möhren im Bund, die ein handgeschriebenes Schildchen als Demeter-Karotten ausweist. Und zu Demeter ist manches zu sagen.

Wie Sie vielleicht wissen, steht der älteste und größte Öko-Verband der Welt für Erzeugnisse aus »biologisch-dynamischer Landwirtschaft«. Schon weniger bekannt ist, dass die Bio-Dynamik auf Rudolf Steiner (1861–1925) zurückgeht, nach Ansicht von Religionshistorikern der »einflussreichste Esoteriker des 20. Jahrhunderts«. In einer Vortragsreihe (»Landwirtschaftlicher Kurs«, 1924) hatte der Österreicher Steiner die Grundlagen einer esoterischen Landwirtschaf gelegt, nach der bis heute bei Demeter gearbeitet wird. Unter anderem wird ein von Steiner erdachter Dünger verwendet, der sogenannte Hornkiesel. Und dessen Herstellung hat gewisse Ähnlichkeiten mit Zauberritualen.

Hier ist das Rezept:

Man nehme Quarzsand und zermahle ihn nach Ostern zu Pulver. Anschließend mit Wasser verrühren und den gewonnenen Brei in ein Kuhhorn füllen. Das Horn im Erdreich vergraben. Dort belässt man es bis zum Michaelis-Tag (Tag des Erzengels Michael, 29. September), denn auf diese Weise werden die »Lichtkräfte des Sommers« hineingezogen. Horn am 29. bergen, den Brei entfernen und trocknen lassen. Zur Herstellung einer Spritzlösung gibt man etwas Pulver in einen Wasserbottich und verrührt alles *von Hand.* Denn »beim Maschinenrühren wird der Einfluss der Technik auf das Feld übertragen«. Achtung: Auch die Stimmung hat einen wichtigen Einfluss. Vergessen Sie also nicht, positiv zu denken. Ein bis fünf Gramm Lösung je Hektar auf die Anbauflächen ausbringen.

Stärkt angeblich Wurzeln, beugt Schädlingsbefall vor und führt zu einem besseren Fruchtertrag. Bis heute muss jeder Landwirt, der seine Erzeugnisse mit dem begehrten Demeter-Logo labeln lassen will, wenigstens einmal im Jahr sämtliche Anbauflächen mit dem Präparat besprühen.[77] Zum Demeter-Voodoo gehört ferner »Hornmist«, der aus Kuhdung hergestellt und den Winter über verbuddelt wird (»Winterkräfte«) sowie spezielle Kräuteressenzen, die man auch als homöopathische Mittel für den Acker bezeichnet.[78] Warum sich jenes Verfahren nicht durchge-

---

77 Vgl.: »Richtlinien für die Zertifizierung ›Demeter‹ und ›Biodynamisch‹. Erzeugung«, Darmstadt 2009.

78 Falls Sie *nicht* glauben, dass das Denken beim Rühren einen Einfluss auf den Dünger hat bzw. sich der Einfluss der Technik auf das Feld überträgt, werden Sie vielleicht auch nicht glauben wollen,

setzt hat, bei dem Bio-Dyn-Landwirte ihrem Saatgut täglich etwas mit der Querflöte vorspielten, habe ich nicht herausgefunden; ebenfalls unklar bleibt, wie ich es mir vorzustellen habe, wenn Bauern Jungpflanzen antanzen, um ihnen »Eigenschaften zu vermitteln«, so geschehen auf einem Bio-Dynamik-Hof in Hessen.[79]

Aber verlassen wird den kleinen Bio-Markt für einen Abstecher in einen typischen Bio-Vollsortimenter, wie es sie heute in den meisten deutschen Städten alle naselang gibt. Der halogenhelle Laden ist gut frequentiert, der Fußboden blitzt, und das *Biep! Biep!* der Scannerkassen klingt in der Luft.

Auch hier finden wir Demeter, St. Leonhards und Lauretana. Doch noch andere, mindestens so interessante Produkte stechen ins Auge, wie auch ihre Positionierung auffällig ist. Denn in den verkaufspsychologisch bedeutsamen Sicht- und Greifzonen der Regale, also jenen Bereichen, die den ertragsstärksten Marken vorbehalten sind, stoßen wir auf den »*Chi* Drink«, den »*Om* Chocolate Bar« oder auch jene Tees, in denen die *Mystik* Chinas oder Indiens steckt. Bei all diesen Produkten handelt es sich um ganz

---

woher ich diese beiden – nicht zum Ursprungsrezept gehörenden – Informationen beziehe. Ich habe das nämlich von einer Ökolandbau-Webplattform, die von der Nordrhein-Westfälischen Landwirtschaftskammer betrieben wird. Mit anderen Worten, für den gequirlten Hornmist ist das Umweltministerium NRW verantwortlich. (Nachzulesen unter: www.oekolandbau.nrw.de; Stand: März 2014.)

79 Nur um Missverständnissen vorzubeugen: Gegen Demeter-Produkte an sich habe ich gar nichts.

ordinäre Biowaren, auch wenn ihre Namen etwas anderes suggerieren. Festhalten sollten wir auch, dass das Chi-Getränk und die Om-Schokolade dem Konsumenten in jungem, frischem, zeitgemäßem Design präsentiert werden.

Aber weiter durch den Laden und in die *Non-Food*-Ecke; dort entdecken wir Produkte, die anscheinend okkulte Kräfte besitzen: hier die Anti-Aging-Produktlinie, die nach dem alchemistischen Verfahren der Spagyrik hergestellt wird, da der Heublumenbadezusatz, der die »gestaltenden Kräfte des Kosmos« aktiviert.

Erfolglos endet unsere Suche nach den Glasphiolen der Firma VitaJuwel, die sie kürzlich zum Beispiel noch im Vitalia-Reformhaus hatten. Es handelt sich um tulpenförmige Rührstäbe, in welche Heilsteine eingeschlossen sind (Amethyst, Bergkristall, Rosenquarz u.a.). Erhältlich waren diverse Sorten, darunter die »Mischung Regeneration«, über die in einem Internet-Shop zu lesen ist, der Mix würde das Immunsystem stärken.[80]

An der Einpackstation schließlich fällt uns ein Stapel Heftchen ins Auge: 70-seitig, flottes Design, die Bio-Markt-Hauszeitschrift (z.B.: der *Reformhaus Kurier*). Mit Service-Artikeln über Darmwinde,[81] Infos über ausgesuchte, rabattierte Waren aus dem Sortiment und der Kniffelspaß-Seite ist die Bio-Markt-Hauszeitschrift ein cch-

---

80 Vitalia selbst hielt sich bei der Reklame mit solchen Behauptungen aus gutem Grund zurück. Und in der Tat atmet diese Werbung draufgängerischen Geist. Laut einem Urteil des Landgerichts Hamburg aus dem Jahr 2008 ist es nämlich irreführend und daher verboten, Heilsteinen krankheitslindernde oder heilende Wirkung zuzuschreiben (Az. 327 O 204/08).

81 Oder Ähnlichem.

ter Pageturner; aber uns interessiert das Heft, das Kunden ans Haus binden soll, aus einem anderen Grund. Denn dort (zumindest im *Kurier*) finden wir eine Ratgeberrubrik zum Thema Gesundheit, die von einer anthroposophischen Ärztin betreut wird; wir stoßen auf Anzeigen der Akademie Gesundes Leben, einem reformhauseigenen Schulungszentrum, wo man »Energiefeldübungen« lernen kann, außerdem gibt es Kurse in der Ernährungslehre der Mystikerin Hildegard von Bingen und Reklame für esoterische Produkte – für Bach-Blüten-Tees oder Fünf-Elemente-Fastenkuren etwa.

Dass derlei kein Zufall sein kann, dürfte klar sein. Und ich glaube auch nicht, dass die Bio-Märkte mit Chi-Schokolade und Om-Drinks, Heilstein-Phiolen und »Energiefeldübungen« nur die kleine Gruppe *schwer* esoterischer Zeitgenossen zufriedenstellen wollen. Vielmehr handelt es sich offenbar um die kluge Reaktion von Marketingabteilungen auf jene Esoterik-*Mode*, die sich, wie eingangs angesprochen, in der gehobenen Mittelschicht ausgebreitet hat. Also Besserverdienende und Gebildete, für die Konzepte wie Chi, Feinstofflichkeit, Chakren inzwischen zu einer Art des modernen Lifestyles gehören.

Betriebswirtschaftlich von Bedeutung dürfte in diesem Zusammenhang auch etwas sein, das jedem auffallen wird, der sich in Städten wie Berlin, Hamburg oder München auch nur ab und an unter jüngere Frauen mit überdurchschnittlichem Einkommen, hoher Bildung und ausgeprägtem Bewusstsein für Gesundheit begibt. Ein Denken nämlich à la »bio allein reicht mir nicht«. Man hört so etwas relativ oft, ich habe es jedenfalls oft gehört. Was sich dadurch artikuliert, sind ganz reale Bedürfnisse, die neu entstehen können, wo Menschen beginnen, sich beim Yoga mit Chakren zu beschäftigen und bei gesundheitlichen Beschwerden den feinstofflich arbeitenden Therapeuten aufsuchen.

Damit ist aber auch ein selbstverstärkender Mechanismus skizziert. Denn das ganze Bündel – von Mondscheinwasser und Co. im Bio-Markt-Regal, esoterisch angehauchten Hausgazetten, Hildegard-Kursen, anthroposophischer Medizin – schafft nicht bloß im klassischen Sinn der Ökonomie Nachfrage, es wirkt auf das Bewusstsein und verändert es in einem viel umfassenderen Sinn: Die Marketingapparate der großen Bio-Ketten treiben dadurch die »Esoterisierung der Gesellschaft« mit voran.

Im Wellness-Sektor kann man übrigens dasselbe beobachten: Energie-Massagen und ayurvedische Menüs kommen dort, jedenfalls nach meinem Eindruck, fast niemandem mehr esoterisch vor. Ein Grund ist u. a. sicher die erstklassige und ziemlich penetrante Vermarktung dieser Dienstleistungen. Und die geht wohl auf, die Angebote waren jedenfalls, wenn ich mal in so einer Wellness-Oase war, immer gut gebucht.

Ich habe allerdings festgestellt, dass das Personal in Bio-Märkten gar nicht sonderlich »eso« ist. Nach ein paar Tagen intensiver Beschäftigung mit dem Thema und immer neuen Entdeckungen vor Ort hatte ich das natürlich irgendwie erwartet und es auf einen Versuch angelegt, doch Fehlanzeige. Schon die Testfrage, ob Obst und Gemüse ausgependelt bzw. auf Schwingungen geprüft werde, wurde seitens der Angestellten zwar durchgehend freundlich verneint oder mit Achselzucken kommentiert, aber das irritierte Stirnrunzeln bzw. leicht angestrengte Lächeln ist mir auch nicht entgangen.

2. Auf der Rohkostmesse

Um das Nahrungsmittelthema zu vertiefen, besuchte ich an einem Samstag Ende März die »Rohvolution«, Deutschlands größte Rohkostmesse. Da das jetzt vermutlich Fragen aufwirft von wegen, was hat denn bitte Rohkost mit Esoterik zu tun, folgt hier ein kurzes Briefing.

Zunächst: Rohkost ist bei Esoterikern beliebt. Aber wichtiger ist: Um die ungekochte Kost herrscht ein Aberglaube, der seinesgleichen sucht. Zähne sollen Menschen nachgewachsen sein, die sich nur von rohem Obst und Gemüse ernährten, Halberblindete, heißt es, hätten die normale Sehkraft zurückerlangt. Doch ich will nicht zu viel vorwegnehmen.

Vorausgeschickt sei nur noch, dass sich die Messe an Anhänger der veganen Rohkost richtete. Die Feststellung ist nicht unwichtig, denn es gibt durchaus Rohköstler, die sich auch von rohem Fleisch, rohen Eiern, Eingeweiden und dergleichen ernähren, und sie waren dezidiert nicht angesprochen.[82] Auch will ich noch voranstellen, dass »roh« bei Messegästen nicht immer total roh heißt; auf 30°, 40° oder 42° Celsius darf in Ausnahmefällen erwärmt werden. Gleichwohl, die kalte Küche mündet immer wieder in eigentlich unmöglichen Erzeugnissen, Burgern z.B. aus einer Bulette bestehend, welche aus Walnussbrei hergestellt

---

[82] Rohkost gibt es in unheimlich vielen Varianten, und manche haben wirklich schön klingende Namen. Meine Favoriten: Lichtkost, Sonnenkost, Methusalem-Ernährung und Paläodiät.

wird, und so etwas wie Brot. (Keine Ahnung, wie die das hinkriegen.)

Ich war einen Tag vor Ort.

Ankunft auf dem Gelände des Freizeit- und Erholungszentrums (FEZ) um 9.05 Uhr bei bester Laune und gutem Hunger.

Der Ersteindruck beim Betreten der Halle: ein Schwall von nassem, fauligem Heu mit Noten von Südfrucht und Gülle. Voll ist es und rummelig. Lasse mich erst einmal mit der Masse treiben, um weitere Eindrücke in mich aufzunehmen.

Dabei zeigt sich zunächst, der Rohköstler ist zwar definitiv schlanker als der gewohnte Allesfresser, aber nicht rotwangiger oder vitaler. Er scheint mir auch nicht glücklicher, sofern sich so etwas beim Vorbeilaufen sagen lässt. Meine Erwartung, der Rohköstler würde wegen anhaltender kalorischer Unterversorgung chronisch frieren, wäre mürrisch oder dauermüde, bestätigt sich allerdings auch nicht. Die allgemeine Stimmung ist im Gegenteil ziemlich gut. (Das gilt übrigens auch für die beiden Gerippe, die mir im Trubel aufgefallen sind. Sie haben Flüsterstimmen und bewegen sich ultralangsam und irgendwie echsenhafteckig. Aber auch sie blecken eben bisweilen die großen Zähne zu einer Art Lächeln.)

Wie bei anderen Messen üblich, will, zweitens, offenbar auch das Rohkostpublikum erst mal den Eintrittspreis wieder reinholen bzw. reinfuttern. Zumindest herrscht jetzt am Vormittag bei den Ständen mit Kostenlos-Häppchen ein Massenandrang, während die Verkäufer von Entsaftern, Mahlmaschinen, Trockenmaschinen und Keimgeräten (Plastiketageren zur Aufzucht von Soja, Rettich, Alfalfa) die Däumchen drehen. Die Häufung an Leuten in Patchworkhosen und dicken Stricksocken ist kaum der Erwähnung wert, sie war zu erwarten.

9.59 Uhr: Inzwischen mehrere dieser Plastikpflanzkästen für den Balkon gesehen, mit Bürsten grünen Grases. Wer vorbeiläuft, rupft was ab und geht, ein paar Halme zwischen den Zähnen zermalmend, seines Weges. Eine Frau kaut Blätter. Sie hat eine kleine Lederhandtasche mit Fransen umhängen, in der sie den Nachschub aufbewahrt.

10.45 Uhr: Habe mich vor 30 Minuten der allgemeinen Probier-Orgie angeschlossen. Bisher Folgendes verspeist: Flocken von Rotalgen, Blaualgen, grünen Algen sowie Seegras (extrem fischig), dann ein paar komische bittere Samen (oder Nüsse?) und einen Salat aus Brennnesseln und Blumen; ferner Süßlupinen-Brei und Macca-Pulver (keine Ahnung, was das sein soll), zwischenrein einen gewöhnlichen Apfel und im Anschluss: gepressten Kakao, die »Beere der Glückseligkeit« (eine Handvoll) sowie Rosen- und Lavendelöl (als Dip an Karottenstiften sehr lecker). Zu trinken gab es ionisiertes Wasser, energetisiertes Wasser und »Wasser aus den ungetrübten Quellen der Pyrenäen«, je ein kleines Glas.

Das energetisierte Wasser wird in Glaskolben erzeugt, die man kaufen kann. Die Kolben sind am Boden mit Mustern versehen, die an Fensterrosetten gotischer Kirchen erinnern, und angeblich lässt sich schon auf der Zunge spüren, dass das die Wasserqualität verbessert. Das Pärchen neben mir, Enddreißiger mit randlosen Brillen und feiner Attitüde, jedenfalls schmatzt und spitzt die Münder wie die Sommeliers. Sie attestiert hier »weicher«, er findet dort »eindeutig metallischer«. Von Unterschieden merke ich persönlich zwar nichts, doch tue ich so, um dem Händler (einem Almöhi mit rührseligem Blick) einen Gefallen zu tun.

Am anderen Ende der Halle ist ein Hanfdrink erhältlich, der hingegen ein geradezu surreales Mundgefühl hinterlässt, nämlich von etwas Trockenem und Staubigem. Ein Eindruck, der aber vermutlich mit dem muskatähnlichen Geschmack zusammenhängt.

11.20 Uhr: Noch einmal am Glücksbeeren-Stand, und ich schnappe das erste verwertbare Gespräch auf, eine Unterhaltung über Tiefkühlkost. Eine Frau sagt zur anderen: »Also energetisch empfinde ich gefrorene Lebensmittel ganz anders als frische. Die haben eine ganz andere Schwingung, oder? [Nicken] Ja, oder? Irgendwie fühlen die sich so eingepackt an …«

Die Ursache des unsäglichen Faulgeruchs, der immer wieder heranweht und einen umnachtet, wird klar, als ich mich an einem Früchtestand vorbeischiebe, denn dort nietet mich eine Breitseite der Bahnhofsklo-Dimension um. Meine Frage, was hier so stinke, beantwortet ein zierliches Wesen, das nett-frech grinst. Es ist von unschätzbarem Alter und Geschlecht und sagt, bei dem Geruchsverursacher handele es sich um eine »Durian« (wie ich später erfahre, auch »Stinkfrucht« genannt). Auf einem Regal liegt das Ding: wassermelonengroß ist es, und mit seiner stacheligen Schale erinnert es an ein eingerolltes Schabeninsekt aus dem Jura.

(Ich bin jedoch nicht der Einzige, dem jegliches Verständnis für den Reiz einer Güllemahlzeit abgeht: Die FEZ-Hausherren haben es dem Grinsegesicht und seiner Clique strikt untersagt, das Ding in der großen Haupthalle aufzuschlitzen und narkotisierende Häppchen zu verteilen. Die Kost darf nur in der kleineren Nebenhalle dargereicht werden. Dort haben die Geruchsknospen dann natürlich richtig zu tun.)

Später, es ist ca. 11.50 Uhr, belausche ich eine weitere Debatte mit Gehalt. Es geht um die Frage, ob Gemüse aus eigenem Anbau mit Reiki-Energie (レイキ) behandelt werden sollte. Gesprächsteilnehmer sind eines der Gerippe und eine Frau mit normaler Figur. (Irgendwas faszinierte mich an den Klappergestellen, und ich war diesem hier eine Zeitlang nachgeschlichen.) Das Gerippe lispelt jedenfalls, es habe sehr gute Erfahrung mit Reiki gemacht. Behandeltes Gemüse sei nach kurzer Zeit schädlingsfrei gewesen. Sagt's und grinst eigenartig selig. Anrührend und etwas unheimlich zugleich.

Der Großteil der Messebesucher hält sich zwar mit ideologischen Statements zurück, doch hier, wo man *unter sich* ist, wird eben auch immer wieder das Banner für den Rohköstler-Lifestyle gehisst. Zahlreich stößt man auf Beispiele. Vorhin in der Schlange vor der Kasse etwa habe ich einen vielsagenden Witz gehört. Es handelte sich um einen von diesen Spezialgruppen-Gags (vgl. den Mathematikerwitz, den Musikerwitz etc.), also jene Art von müden Schenkelklopfern, die dennoch eine ganze Weltsicht enthalten. Der Rohkostwitz geht so: Kommt ein Rohköstler zum Arzt.

Reaktion: Wieherndes Lachen. Eine Frau mit dem Gebiss einer Stute gibt Kreischlaute von sich, dass einem das Brillenglas zu klingeln beginnt.

Ablesen lässt sich der Versuch, die eigene Andersartigkeit auszustellen, auch an diversen T-Shirts mit Aufdruck. Zwar zeigen die meisten Bekenner-Shirts einfach eine lachende Zucchini oder Babymöhre, die sich freut, roh auf dem Teller zu liegen und verspeist zu werden, oder so etwas. Aber es gibt eben auch *hardcore*. Auf einem schwarzen Shirt steht: »GO VEGAN YOU COWSUCKING PERVERTS«. Zu sehen sind ein Mann und eine Frau, die unter einer Kuh knien und an deren Eutern nuckeln.

Das alles aber ist Kinderkram im Vergleich zu dem, was ich bei der Vorrecherche auf Rohkost-Webseiten gelesen habe. Zum Beispiel habe ich dort die Begriffe »Kochkostesser« und »Schlechtkostesser« gelernt. Klar, wer gemeint und dass das nicht nett gemeint ist. Auch weiß ich jetzt – nämlich von den Webseiten –, dass bei einigen Anhängern der Ernährungsweise nicht nur die rohe Kost, sondern auch der Rohköstler selbst als »rein« gilt. Was der Schlechtkostesser ist, darf man sich herleiten. (Lustig: Eine bekannte Vertreterin der Lehre ist der Meinung, dass ihr Stuhlgang »angenehm« sei.) Wiederholt stieß ich ferner auf Warnungen, à la Kochkost führe früher oder später unweigerlich zu Krebs. Eine verbreitete Auffassung anscheinend, wenigstens unter den verhärteten Befürwortern. Das Kochen, so heißt es zum Beispiel in einem Blog, sei neben Stress und »Fleischfresserei« der »große Killer unserer Zeit«.

Derlei passt zu einer Szenerhetorik, die teilweise schon religiöse Züge hat. Die US-amerikanische Rohkostverfechterin Victoria Bidwell zum Beispiel schrieb dereinst: »Satan verbirgt sich in jeder Waffel, Belzebub ist ein Stück Schokolade.« Und der szenebekannte Autor Helmut Wandmaker (»Willst du gesund sein? Vergiß den Kochtopf!«, München 1992) lehrte: »Der wahre Sündenfall ist der Abfall der Menschheit von der Naturkost!«[83]

---

83 Beides nachzulesen in Wandmakers Willst-du-gesund-sein-Buch.

Ganz aus ist es jedoch beim Thema Fleisch, denn neben den bekannten ethischen Argumenten gibt es in der Esoterik-Szene und dem Rohkostmillieu spirituelle, und die sind, sagen wir, erstaunlich ungnädig. Im Fachblatt *Visionen* (Nr. 7, 2008) beispielsweise ist ein Text erschienen, der die Fronten klarmacht. Es handelt sich um einen Nachdruck, Autor der Giftblüte ist der indische Mystiker »Baba« Sawan Singh (1858–1948), und der schreibt, Fleischverzehr stumpfe die Fähigkeit zu Mitleid und Güte ab, behindere ein höheres geistiges Leben und führe zu einer »tierisch rohe(n) Natur […] mit dem Hang zu töten«.[84]

Ein paar Workshops, die tiefere Einblicke in die praktischen Fragen eines Rohköstleralltags ermöglicht hätten, flankieren die Messe, doch das meiste ist an der überrannten Seminarkasse schon ausverkauft. Ich kann mir aber noch ein Ticket für einen Vortrag über Grassaft sichern. Und dieses Thema ist auch nicht uninteressant. Im Gegenteil. Denn Grassaft ist das Manna des Rohköstlers.

Der träge fließende Drink aus Getreidesprösslingen (bisweilen stopft man auch gewöhnliches Wiesengras in die Presse) soll besonders reich an Vitaminen, Mineralien und sekundären Pflanzenstoffen sein; aber vor allem wird Grassaft wegen seines hohen Anteils an Chlorophyll ge-

---

84 Ähnliches ist übrigens auch von den Hare Krishnas zu hören, die sonst immer so auf megatolerant machen. In einem Video der Berliner Sektion ihrer International Society for Krishna Consciousness (ISKCON) kann man zum Beispiel lernen, dass es so lange Krieg auf der Welt geben werde, wie Fleisch – vor allem Rind – auf Speisekarten stehe. Der Krieg, das menschliche Leid im großen Maßstab, sei eine karmische Strafe für den Verzehr heiliger Kühe.

schätzt. Denn das »grüne Blut« steht im Ruf, wahre Wunder zu vollbringen: Wer viel davon in sich aufnimmt, soll erleben, wie graue Haare wieder Farbe bekommen und schütteres Haar dicht wird. Die oben zitierte Apologetin der rohen Sache schreibt auf ihrer Webseite gar, nur ausreichendes Chlorophyll macht den Menschen zufrieden. Zum üblichen üblen Kokolores gehört auch, dass der tolle Drink Krebs heilen kann. Binnen zwei Wochen, wie ein bekannter Verfechter der Grassaftsache in einem Video andeutet, das man im Internet ansehen kann.

Die Frau, die auf der Messe den Saft-Vortrag hält (vor 25 Zuschauern), berichtet allerdings von ihrem Brustkrebs, den Hoffnungen, die sie an Grassaft bindet und ihren guten Erfahrungen damit, so aufgeräumt und bescheiden, dass mich meine eigenen Gedanken beschämen. Mir ist sie außerdem ziemlich sympathisch. Es tut einfach gut, zur Abwechslung mal jemandem zuzuhören, der keine Superkräfte besitzt, der keine Verbindungen nach *ganz oben* hat und der kein Guru ist, der sich doch nur die Taschen vollstopft. Außerdem, jedoch ohne dass ich es mit mehr als mit einem Gefühl begründen könnte, glaube ich ihr schlicht, dass sie es so *meint*, wenn sie sagt, auf Chemotherapie zu verzichten und stattdessen nur Grassaft zu trinken, möchte sie wirklich niemandem raten. Bei meinen Recherchen habe ich immer wieder einen ganz anderen Eindruck gewonnen.

Zur allgemeinen Krankheitsprävention rät die Frau zu zweiwöchigen Trinkkuren, zu denen auch Einläufe mit dem grünen Saft gehören. Was Unruhe im Publikum erzeugt und Gekicher. Worauf sie sagt, sie könne aus eigener Erfahrung berichten, »man fühlt sich dabei fast schon wie erleuchtet«. Spricht's und grinst verschmitzt. Ich finde die Frau super.

Im anschließenden Vortrag über ein neues Gerät zur Wasseraufbereitung lerne ich immerhin, dass die Angst vor dem normalen kühlen Nass bei einigen Rohköstlern anscheinend so groß ist, dass sie gar nicht trinken. Sie begnügen sich mit der Flüssigkeit aus Obst und Gemüse. (Spätere Recherchen bestätigen das übrigens.)

13.30 Uhr: Am Stand der Grassaftfrau gibt es das grüne Getränk zum Verkosten in 6-cl-Schnapsgläschen zu 5 Euro. Es ist das denkwürdigste Geschmackserlebnis, das ich bisher gemacht habe. Grasig-faulig zu Beginn, der Abgang lässt sich am besten mit sehr, sehr viel Pfeffer beschreiben, außerdem bekommt man den komischerweise künstlich anmutenden Süßgeschmack nicht mal mit Kaffee aus dem Mund. Mit mir kostet eine 50-Jährige mit Pippi-Langstrumpf-Zöpfen und blauer Plastikarmbanduhr. Nach dem ersten Schluck macht sie ein Gesicht, als ob sie es gleich ausspucken werde und die Verkäuferin haut oder so. Die übrigen Probierenden tun übertrieben begeistert.

15.15 Uhr: Nach einer Pause bei diesem eingangs erwähnten Burger, zu dem ein kleiner roher Schokokuchen gereicht wird – beides ist geschmacklich ganz okay, auch wenn man beim Kuchen mit dem Einspeicheln kaum hinterherkommt, was die Etikette schwer herausfordert –; hiernach, und nach anschließender kurzer Freizeit im umliegenden Park also, schlurfe ich noch ein bisschen herum und unterzeichne aus Jux und weil es die Richtigen trifft, eine Petition, die Bundestagsabgeordnete dazu zwingen soll, einmal in der Woche Rohkost zu speisen.

Dann bleibe ich an einem Stand hängen, wo ein Plakat die Frage aufwirft, welchen dieser beiden Äpfel hier ich lieber äße. Um den Apfel auf der linken Seite sind Begriffe wie »Angst«, »Stress« und »Wut« gruppiert, den rechten umgibt eine hellgelbe Aura. Ein Mann tritt auf mich zu mit einem Flyer in der Hand. Was es damit auf sich hat, erklärt er mir gern.

Der Mann sagt, dass auch Früchte schlechte Erfahrungen machen.

Ich glaube mich verhört zu haben, aber das habe ich nicht. Wirklich, er sagt: Hagel, Würmer oder Enge und Dunkelheit in einer Obstkiste, die im Keller steht, all das seien »schlechte Erfahrungen« für eine Frucht. »Und wenn Sie die Frucht essen, nehmen Sie diese Erfahrungen in sich auf.« Die gute Nachricht aber sei, ich könne etwas dagegen tun. Was? Ich könne mit dem Obst in Kontakt treten, so ließen sich die negativen Veränderungen auflösen.

Mir persönlich reicht es an dieser Stelle, ich bedanke mich, nehme ihm seine Flugschrift aus der Hand und drehe ab. Kurz winke ich noch den Stinkfrucht-Essern, und verlasse dann diesen fremden Planeten.

3. Lichtnahrung

Kommen wir nun zu meinem Versuch, das Essen und Trinken für immer aufzugeben, mich stattdessen von kosmischer Nahrung zu ernähren und nach Möglichkeit trotzdem noch ein paar schöne Jahre weiterzuleben.

Dass manche Menschen nicht auf Nahrung angewiesen sind, erzählt man sich seit ältester Zeit. Es gibt diese Berichte über Yogis, Eremiten und Ordensschwestern.

Und von der Bauernmagd Therese Neumann (1898–1962) wird behauptet, sie habe sich 38 Jahre lang nur von einer geweihten Hostie täglich ernährt. Ihr und den völlig Nahrungslosen nachzueifern versuchen Menschen seit jeher mit verschiedenen Methoden. Am populärsten ist aktuell die »Lichtnahrung« *(Breatharianism)*, eine Erfindung der Australierin Ellen Greve alias Jasmuheen. Nach Greves – inzwischen jedoch leicht »relativierter« – Lehre kann jedermann die Umstellung von Flüssigkeit und fester Nahrung auf Licht herbeiführen. Er muss dazu nur einen 21-Tage-Fastenprozess über sich ergehen lassen: Drei Wochen nimmt der Adept keine feste Nahrung zu sich, die ersten sieben Tage wird auch nicht getrunken. Dadurch, so Greve, werde der Körper auf Lichtnahrung konditioniert.

Dass das riskant ist, liegt auf der Hand, und es sind vier Todesfälle dokumentiert, die offenbar zu den erwähnten »Einschränkungen«[85] Greves führten. Die Lichtkost-Erfinderin jedoch behauptet weiterhin, sich seit 1993 nur von Früchtetees und flüssiger Luft zu ernähren.[86]

Die chinesische Version des okkulten Fastens heißt Bi

---

85 Bereits 2006 war Greve in einem Interview offiziell von ihrer ursprünglichen Lehre abgerückt. Allerdings klingt die Bekanntmachung eher nach Schadensbegrenzung denn nach Sinneswandel. Wie eine Politikerin, die mit dem Rücken zur Wand steht, windet sich Greve heraus: »Das Nichtbefolgen der Anweisungen kann für Menschen gefährlich sein. Daher distanziere ich mich von dem 21-Tage-Prozess – nicht aber von den Inhalten, die von der Lichtnahrung handeln.« (Zitiert nach EZW, »Materialdienst«, Nr. 1, 2007)

86 Eine Variante der Lichternährung ist das *Sungazing*, bei dem der Betreffende Lebensenergie bezieht, indem er in die Sonne schaut.

Gu Fu Qi (卻穀食氣 dt.: »Verzichten auf Getreide [Nah-rung] Aufnahme von Lebensenergie«). Angeboten wird das unter anderem in Berlin, und ich meldete mich für das Pro-gramm im März 2013 an.

Sonntag, 7. März, Abend. Der »Himmlische Palast« (Tian Gong) liegt in der ersten Etage eines Bürohauses; von innen erinnert er an den Saunabereich in einem Wellnessresort: Überall schlurfen Leute in weißen Filzschlappen herum, etwa ein Drittel ist in eine weiße Decke gehüllt. Von den 50 Gästen sind null fettleibig oder allzu dürr. Allmählich versammelt man sich im Seminarraum, wo auf Klappstühlen Platz genommen wird und wo man mit gedämpfter Stimme plaudert. Der Seminarraum ist der Ruheraum der Sauna.

Um 19.10 Uhr geht es los: Die Meisterin tritt vor uns hin, eine zarte Chinesin mit lakritzfarbenem Bubikopf. Das Mikrophon in ihrer Hand wirkt grotesk groß.

Seit 19 Jahren ernähre sie sich fast ausschließlich von göttlicher Liebe, haucht die Meisterin mit glasheller Stim-me. Nur bisweilen esse sie, sagt Tian Ying, und wenn, dann sehr wenig. Ein paar Nüsse, einen Apfel – das reiche; sie trinke aber normal. Die Art, mit der sie von einem Leben fast ohne Nahrung berichtet, ist von einer zärtlichen Be-geisterung.

Wie zu erfahren ist, ist Bi Gu sowohl der Name der Energie, die heute unsere Mägen füllen soll, als auch ei-nes mehrstufigen Zustandes. Nur wer Stufe 1 (100 % Bi Gu) erreiche, muss nie wieder essen und trinken.[87] Stu-

---

87 Dass man das Trinken einstellen kann, wenn man nur hinreichend Bi Gu erhält, sagt Tian Ying nicht, und das will ich auch nicht be-

fe 2 (75 %) stehe für die Notwendigkeit gelegentlicher Aufnahme kleiner Mengen fester Nahrung bei normalem Trinkverhalten, so Tian Ying. Stufe 3 läuft auf FdH (»Friss die Hälfte«) hinaus. Bei manchen soll der Zustand jahrelang vorhalten, bei anderen einige Monate, wieder andere essen nach Wochen oder Tagen wieder normale Portionen. Weder der zu erreichende Grad noch die Dauer des Zustandes sei vorhersehbar, sagt Tian Ying und lächelt zart.[88]

Ob jemand erzählen möge, was ihn herführt?

Ein Frau von Mitte 40 meldet sich und berichtet, wie sie beim Wildkräutersammeln kürzlich vor einem Löwenzahn gestanden habe und es im Angesicht des satten, prächtigen Lebens nicht über sich brachte, die Pflanze zu ernten. Die Frau sagt, da habe sie gewusst, dass sie künftig von kosmischer Nahrung leben wolle. Tian Ying hat den Kopf schräg gelegt, nickt und lächelt.

19.35 Uhr: Wir rutschen an die Stuhlkante und schließen die Augen. Tian Ying haucht: »Deine Arme entspannen sich … deine Schultern entspannen sich …« Und die Teilnehmer, begehrlich darauf, alsbald ein Leben ohne Kochstress zu führen, sinken Stufe um Stufe dahin. Ich selbst bin schon drei, vier Ebenen hinabgeglitten, als Tian Ying ins Mikro spricht, wir mögen nun unsere Herzen öffnen, um die göttliche Liebe zu empfangen.

---

haupten. Im Gegenteil: Mehrfach kommt der Hinweis, wir sollen in jedem Fall Flüssigkeit zu uns nehmen. Was natürlich lobenswert ist; aber eben auch Teil einer eigenartigen Politik, wenn man zugleich eine Infobroschüre an alle austeilt, in der unmissverständlich steht, Bi Gu ermögliche prinzipiell den totalen Wasserverzicht.

88 Offenbar die AGBs.

Der nächste Schritt ist ein betörendes chinesisches Lied. Die Stimme der Meisterin klingt wie von weit entfernt oder wie man sich die Sirenen bei Homer vorstellt, wenn sie Schiffsflotten durch undurchdringbare Nebelbänke ins Verderben locken. Als der letzte Ton verklungen ist, herrscht absolute Stille. Kein Räuspern, kein Rascheln, kein Stuhl knarzt, nirgends. Man driftet in die innere Leere.

Da gellt plötzlich ein Ruf durch den Raum. Es ist Meisterin Tian Ying, die »Bi Gu!« krakeelt. Um im Anschluss mit der Modulation eines asiatischen Plastikspielzeugs vom Typ Kampfroboter zu rufen:

Bi Gu!
Bi Gu!
Bi-Gu-Fu-Qi-Energie ist da!

Dreimal wiederholt sie es, dann macht sie uns wieder die Sirene. So geht das ein paarmal. Und nachdem sie uns schließlich zurückgeholt hat in den Seminarraum, verbeugen wir uns vor dem Göttlichen, reiben uns die Bäuche wie nach einer mächtigen Mahlzeit und wischen uns übers Gesicht.

Nach zehnminütiger Pause, die ich auf Notizen verwende, wird das Prozedere wiederholt. Als wir wieder tief entspannt dasitzen, träufelt uns Tian Ying ein, dass nun kosmische Energie in unsere Mägen fließe und wir satt seien. Drei gleiche Durchgänge, und das ist schon alles.

Wir lassen die Meditation ausklingen, dann beantwortet Tian Ying die offenen Fragen. Tenor: Wie viel Bi Gu wir erhalten hätten, würden uns jetzt unsere Mägen verraten.

(Leitsatz: »Fragen Magen.«) Bevor wir äßen, mögen wir in uns hineinlauschen, ob Hunger vorliege oder bloß Appetit.

Die Teilnehmer geben Filzschlappen und Decken ab. Dann zerstreut man sich in die Straßen der Stadt.

Ich gehe gegen 23.00 Uhr ohne Abendbrot zu Bett und schlafe bald darauf ein. Meine letzte Mahlzeit liegt fünf Stunden zurück.

Montag, 5. März

Am nächsten Tag habe ich Papierkram zu erledigen, doch die ungeliebte Arbeit geht mir leicht von der Hand; ich fühlte mich fit, ausgeschlafen und verspürte den ganzen Tag über tatsächlich keinen Hunger. Am Nachmittag setzt Durst ein – ein erstes Indiz gegen Stufe 1 –, er ist aber auszuhalten. Ich habe den Entschluss gefasst, vorerst nicht zu trinken.

Auch in dieser zweiten Nacht schlafe ich gut ein.

Dienstag, 6. März

Schlage die Augen um 7.30 Uhr auf; ich bin etwas matt und brauche länger als gewöhnlich, um aus den Bett zu kommen. Mein Magen grummelt, und mein Mund ist unerträglich trocken. Also erlaube ich mir, mit Wasser zu spülen, spucke es aber komplett wieder aus. Toilettengang gegen 7.40 Uhr. Der Urin ist dunkel und brennt leicht in der Harnröhre. Am Nachmittag wird der Durst stärker, aber mit neuerlichem Spülen bekomme ich ihn in den Griff. Meine Augen sind gereizt. Vorhin beim Aufstehen war mir kurz etwas schwindelig.

14.30 Uhr: Seit circa zwei Stunden Kopfschmerzen, die stärker werden. Fühle mich kraftlos, alles geht langsamer, selbst das Denken geht nicht gerade leicht vonstatten. Stufe 1 ist das sicher nicht. Da ich mir jetzt aber die Möglichkeit erhalten will, in den 21-Tage-Lichtnahrungsprozess einzusteigen, lasse ich den Versuch erst einmal weiterlaufen.

In dieser Nacht, der dritten, schlafe ich nicht gut. Ich werfe mich in den Kissen hin und her und träume von Sirenen-Gesängen, die mich, den Kapitän eines Segelbootes aus Gemüse, rufen. Das Boot ruht bei totaler Flaute in einem fast reglosen Meer, quietscht und knarrt. In einer zweiten Tiefschlafphase finde ich mich in eine Pflanze verwandelt auf einer Wiese wieder; mein grüner, mit feinen Härchen bedeckter Körperstengel ist fest verwurzelt in der Erde. Ich stehe auf einer Lichtung, und aus einem Wald kommen zombiehafte halbverhungerte Rohköstler, mit riesigen klappernden Mäulern, um mich lebend zu vertilgen.

Mittwoch, 7. März

Am Morgen des dritten Tages schaffe ich es erst nach 30 Minuten aus dem Bett. Habe starke Kopfschmerzen und fühle mich wie das klassische Häufchen Elend, leer und dünnhäutig. Mir ist oft schwindelig, der Durst und meine gereizten Augen machen mich irre; der Hunger ist eigenartigerweise verflogen. Bereits gegen 11.30 Uhr bin ich wieder so schlapp, dass ich ins Bett krieche. Schlafe noch zweimal an diesem Tag. Große Sorgen mache ich mir nicht, aber der Gedanke, dass drei oder vier Tage die kritische Grenze sind, beschäftigt mich.

3.35 Uhr: Drei Tage und neun Stunden nach meinem letzten Schluck Wasser stehe ich in der Küche vor dem Kühlschrank und leere eine Flasche Mineralwasser in vier Zügen. Binnen zwanzig Minuten trinke ich eine weitere aus. Zum Mittagessen – zubereitet von der erleichterten Freundin – gibt es Braten mit Soße satt und Semmelknödel und wie damals, als man klein war und sich das Knie aufgeschlagen hatte, Instant-Schokopudding mit Sprühsahne; zwei Portionen.

Ich hatte noch nicht erwähnt, dass ich mit Begleitung zu jenem Seminar gegangen war. Ein Freund kam mit, Felix. Felix' Bi-Gu-Erfahrung deckt sich insofern mit meiner, dass auch er am ersten Tag nach der Bi-Gu-Behandlung keinen Hunger verspürte. (Allerdings trank er normal.) Doch auch in der kommenden Woche war der Appetit meines Freundes merklich reduziert. Er kam mit etwas Obst und einer Schale Müsli täglich bestens aus. Felix ist der Überzeugung, dass an jenem Abend eine Energieübertragung stattgefunden hat.

Es liegt mir fern, diese Deutung meines Freundes einfach abzutun. Doch mir scheint, dass Felix' zurückgegangener Hunger mit etwas anderem zu tun hat als mit kosmischer Energie. Felix glaubt an Chi, Mondkräfte und das Feinstoffliche – vor allem aber: Er hält es prinzipiell für möglich, dass Menschen von kosmischer Nahrung leben können. Und das, glaube ich, ist schon die halbe Erklärung.

Wir haben beim Bier lange diskutiert, ob man, wie Felix

glaubt (der inzwischen wieder normale Portionen isst), vielleicht einfach nur lang genug und hart genug meditieren muss, um irdischer Nahrung irgendwann entsagen zu können.

Persönlich glaube ich, Felix' Appetitlosigkeit hat mit seinem Glauben zu tun und damit, dass uns Tian Ying mit den Entspannungsübungen in einen Zustand versetzte, der Menschen generell empfänglich macht. Zum Beispiel für die Vorstellung »Bi-Gu-Fu-Qi-Energie ist da.« Oder: wie ätherische Energien in unsere Mägen fließen und wir davon satt werden. Wenn ich das Konzept richtig verstanden habe, nennt man das Fremdsuggestion. Und das ist es, was nach meiner Meinung an diesem Abend geschah: Fremd- plus Autosuggestion. Aber das ist freilich die Meinung eines Skeptikers, letzte Antworten habe auch ich nicht. Was die diätischen Vorteile der Bi-Gu-Methode angeht, ist zumindest eines sicher: Wer das gute alte »Fragen Magen« beherzigt, bevor er sich gedankenlos vollstopft, kommt mit FdH bestens aus. Man darf das selbstverständlich für ein Wunder halten.

Nach meinen Recherchen haben Menschen bis zu zehn Tage ohne Wasser überlebt. Keiner, der behauptete, er könne ohne Nahrung leben, hat es je beweisen können.

Noch ein Wort zu Ellen Greve.[89] Im Jahr 1999 hatte »Jasmuheen«, initiiert vom australischen Fernsehen, an einem Experiment teilgenommen, bei dem sie unter kontrollierten Bedingungen weder aß noch trank. Greve wurde

---

89 Die übrigens von sich sagt, zwölf Chromosomenstränge zu besitzen, statt bloß zwei, wie alle übrigen Lebewesen.

in einem Hotel in Brisbane untergebracht, wo weibliche Security-Leute rund um die Uhr über sie wachten, um sicherzustellen, dass sie nichts zu sich nahm; eine Ärztin war abgestellt, um sie regelmäßig zu untersuchen. An Tag drei verbrachte man Greve auf ihren Wunsch hin in eine Unterkunft außerhalb der Stadt. Sie hatte geklagt, wegen der Luftverschmutzung nicht genug Licht aufnehmen zu können. Am vierten Tag wurde das von einem Team der TV-Sendung 60 Minutes begleitete Experiment abgebrochen, da Greve offenbar dabei war, zu verdursten: Ihr Puls hatte sich verdoppelt, sie hatte zehn Prozent dehydriert (was anscheinend schon kritisch ist) und wirkte fahrig. Die Ärztin stellte außerdem fest, dass die Australierin rasant an Gewicht verloren hatte, sechs Kilogramm nahm Greve in der relativ kurzen Zeit ab.[90] Jasmuheen erklärte dagegen, der städtische Aufenthaltsort habe ihr die Nahrungsaufnahme aus der Luft erschwert. In einer Pressemitteilung zum Ausgang des Experiments nahm sie später wie folgt Stellung:

»Was manchen als Täuschung erscheint, ist für andere einfach eine bevorzugte Wirklichkeit; ohne unsere Träume und Visionen hat die Menschheit keine Hoffnung.«

Der Artikel, dem ich dieses Statement entnehme,[91] be-

90 Ein ähnliches Ergebnis liefert eine Untersuchung der Universität Bern aus dem Jahr 2008. Der Schweizer Lichternährer Michael Werner hatte in einer zehntägigen überwachten Isolation, bei der er nur Tee und Wasser zu sich nahm, durchschnittlich 0,26 kg pro Tag abgenommen, insgesamt also 2,6 Kilo. Im Lichtnahrungsfilm »Am Anfang war das Licht« (Deutschland, 2010) behauptete er weiterhin, nicht zu essen.

91 *The Independent*, 26. Oktober 1999.

richtet u. a., Besucher von Greves Anwesen hätten in ihrer Küche einen gefüllten Kühlschrank vorgefunden. Greve habe dazu erklärt, die Lebensmittel seinen ausschließlich für ihren Mann bestimmt. Der australischen Rundfunkanstalt ABC sagte sie zwei Jahre zuvor, sie erlaube sich hin und wieder ein Stück Schokolade oder einen Bissen Käsekuchen, dies jedoch allein des Geschmacks wegen und manchmal, wenn ihr langweilig sei.

Ähnliches hört man auch von Wiley Brooks, einem kalifornischen Lichtköstler. Brooks war 1983 beobachtet worden, wie er ein Fastfood-Restaurant der Kette 7-Eleven verließ – mit einem Hotdog, ein paar Twinkies (kleine Kuchen mit Cremefüllung) und einem Slurpee (Slurpees sind diese leckeren, halbgefrorenen Eis-Getränke). Als er in einem Interview auf den Snack angesprochen wurde, erklärte Brooks, es handele sich um so etwas wie eine homöopathische Kur. Er sei von Junk-Kultur und Junkfood umgeben, so Wiley Brooks, da helfe ihm Junkfood, ausgeglichen zu bleiben.[92]

Grund für gewisse Zweifel gibt es schließlich auch beim österreichischen Dauer-Nulldiäter Walter »Omsa« Rohrmoser. In dessen Keller war ein Kamerateam der *Salzburger Nachrichten* 2011 bei Dreharbeiten auf eine Kiste Kartoffeln aufmerksam geworden. Dem Besitzer zufolge sei das Gemüse ausschließlich für seine Gäste bestimmt.

Seit einiger Zeit bildet Wiley Brooks übrigens in seinem

---

92 Vgl.: John Yewell: »Nüz Junkies«, in *Metro Santa Cruz* (2/2000). Im *North Bay Bohemian* (2/2003) berichtet Gretchen Giles unter der Überschrift »Eat This« dagegen, Brooks sei mit einem Chicken Pie gesichtet worden.

Breatharian Institute of America Menschen zu Lichtfastern wie ihn aus. Kürzlich erst konnte man dort einen Unsterblichkeitsworkshop belegen, zum Preis von einer Million US-Dollar. Rückerstattung ausgeschlossen.

VII.
Schluss

An einem Freitag Mitte August 2012 saß ich mit 400 Leuten im klimatisierten, großen Konferenzsaal eines Berliner Tagungshotels und sang ein Lied, das in »Seelensprache« verfasst war. Die Melodie stelle man sich vor wie diese süßlich-schmalzige Harmoniesoße von Musik, die einem im Chinarestaurant die Ohren verklebt, der Text geht so:

> *»Lu La-a Lu La Li*
> *Lu La-a Lu La La Li*
> *Lu La-a Lu La-a Li Lu La*
> *Lu La-a Li Lu La*
> *Lu La-a Li Lu La«*

Wie gesagt, das ist kein Chinesisch oder Baby-Gebrabbel, es handelt sich um »Seelensprache«. Ich fühlte mich komisch.

Und die Situation wäre auch wirklich einfach bloß schräg und *komisch* gewesen respektive eine erstklassige Vorlage für witzig-ironische Szenen, wenn es da nicht auch eine tatsächlich schräge, dunkle, ja, eine tragische Komponente gegeben hätte. Denn das Singen dieses Liedes soll, wie so manches, über das wir hier gesprochen haben, sämtliche Krankheiten heilen. Und Sie dürfen jetzt mal raten, wer sich da mit mir in dem Saal aufhielt.

Bestimmt befand ich mich nicht in einem Sanatorium der Todgeweihten. Doch es gab sie eben, die offenbar Schwerkranken: jene Frau etwa, die in einem vollautomatischen Elektrorollstuhl mit Joystick-Steuerung in den Saal einzogen war, eine weitere mit kahlem Schädel, um den sie ein Tuch gewickelt hatte, oder mein Sitznachbar: ein Mitfünfziger, so grau und eingefallen wie der Tod selbst, hockte da mit nach vorn gefallenen Schultern. Und auch wenn die wenigsten Seminarteilnehmer sichtbar krank waren, so kamen sie doch alle aus diesem einen Grund: weil sie sich Heilung versprachen, von was auch immer.

Und darum geht es in der Gebrauchsesoterik, um Versprechungen. Esoterik in ihrer marktförmigen Erscheinung ist ein bunter Pool, ein Disneyland der Versprechungen von Heilung und Heil allem voran. Geistig, körperlich, seelisch, spirituell – auf sämtlichen Ebenen soll man gesunden oder gesund bleiben, wenn man sich ihr zuwendet, wenn man sich nur lustvoll hineinstürzt. Ein ums andere Mal ist dieser Versprechenscharakter nicht gleich auf den ersten Blick erkennbar. Bei der Astrologie zum Beispiel. Aber wenn man genau hinsieht oder wenn man sich z.B. umgekehrt die Motive der Klienten ansieht, wird klar, worum es in Wahrheit geht. Sogar bei der Astrologie.

Auf verschiedenste Weise werden solche Versprechungen an die Kunden herangetragen. Hier ein Auszug aus der Ankündigung für ein Seminar, gehalten im Februar 2012 auf den Esoterik-Tagen Berlin. Versprochen werden u.a.:

»Segnungen für Gesundheit, Beziehungen und Finanzen.«

(Womit noch ein weiterer Bereich explizit genannt

wäre: Geld, das ja auch bei der Wahrsagerei ein bedeutsames Thema ist. Gesegnete Beziehungen rechne ich mal zur seelischen Gesundheit.)[93]

Oder: die Ankündigung für ein Seminar, in dem die Teilnehmer von »Fremdseelenbesetzungen« erlöst werden sollen, welche, so behauptet der Text, der Grund für Panik und chronische Krankheiten seien. Das Versprechen: »Am Ende des Kurses spüren viele, dass sie wieder ›sie selbst‹ sind.«

Oder: die Reklame für eine »heilende Meditationstechnik«. Versprechen:

»Die Übungen helfen dir, wieder Zugang zu deiner Mitte zu finden, um alle heranstürmenden Probleme und Alltagskatastrophen zu meistern.«

Und so weiter und so fort. Vieles von dem, was in Esoterik-Seminaren dann tatsächlich passiert, wirkt für Außenstehende wie mich – und vielleicht auch für Sie – wirklich skurril. Aber es ist eben noch mehr als bloße Komik. Die Esoterik, wie ich sie erlebt habe, wartete ständig mit tragisch-komischen Momenten auf.

Die tragische Komik der Esoterik und ihrer Versprechen ist das eine. Doch noch etwas anderes fällt auf: der persönliche Ton. Das unvermeidliche »Du«. Ferner ein ständiges verbales Schulterklopfen. Wie man auch dauernd freundschaftlich charmant verpackte Anweisungen finden wird (»öffne dich«, »erlebe« »sei«). Ihnen mit Hingabe

---

93 Sorgen um Geld, in der Liebe oder in Gesundheitsbelangen machen weit über 90 Prozent der Gründe aus, derentwegen Menschen Wahrsager, Hellseher und Handleser konsultieren. Das wird Ihnen jeder aus der Branche bestätigen.

Folge zu leisten wird erwartet, denn das ist die Voraussetzung, um innerlich wachsen zu können. All das hängt eng zusammen mit etwas, das einem in mannigfaltiger Gestalt ins Auge sticht und bisher vielleicht noch nicht so richtig Erwähnung fand, etwas, das ebenfalls typisch für unser Thema insgesamt ist: eine Art maßlose Überhöhung des Ichs. Man stößt darauf zum Beispiel in den zahlreichen Seminaren, die der spirituellen Entwicklung dienen sollen (auch »Heil-Werden«, »Gesundwerden«). Werbung für diese Programme feiert das Wohl des Einzelnen, die Selbst-Verwirklichung. Dies geschieht oft sehr direkt, oft auch etwas subtiler, wie in diesem Beispiel aus einem Seminar-Werbetext:

»Es ist in Ordnung, auf dem Papier das zu malen, was deine Moral dir untersagt. Es ist absolut ungefährlich. Wenn die Flut unterdrückter Bilder endlich ehrlich herausfindet aus dem Kerker deines Verbotsschilderwaldes, in Form deines Ausdrucks auf dem Papier, dann kann sie auch gehen. Dann wandelt sich im Prozess des Malens [...] diese Gewalt in dir in Erlösung und Erleichterung. Vielleicht musst du grinsen, weinen, kichern oder stehst tief berührt und staunend vor etwas, das dich da aus deinem Bild heraus anschaut.«

Denn was uns da anschaut aus dem Bild, endlich befreit, endlich erlöst von moralischen Verboten, ist unser unverstelltes, wahres Ich – das nun gesunden kann.

Man mag das in der Wortwahl sehr speziell, vielleicht auch befremdlich finden. Trotzdem glaube ich inzwischen, dass den Versprechungen der Esoterik und ihren Werbemethoden (fast) jeder aufsitzen kann. Die bisweilen schrägen Beispiele sollen nicht darüber hinwegtäuschen, welch unheimliches Potential diese Versprechen besitzen. Die Erfolgsaussichten des esoterischen *B-to-C*-Marketing, der Kundenakquise, scheinen mir jedenfalls nach zwei Jahren Recherche schlechtweg unübertrefflich.

Die Gründe dürften begreiflich sein: Zum einen ist Gebrauchsesoterik sehr oft im Kern ein Business mit unseren elementaren Bedürfnissen und Ängsten (etwa Krankheit, Tod, Verlust von Liebe, Geldnot), wie sie auch bei existentiellen Nöten ansetzt; zum anderen bietet sie oftmals eine Wellness-Komponente, was sie so zeitgemäß macht; und schließlich flirtet Esoterik eben immer wieder geschickt mit einer unserer weniger edlen Eigenschaften: der Selbstbezogenheit.

Dabei geht der Egotrip Esoterik – und auch das ist komisch – oft mit schon leicht größenwahnsinnig anmutenden Erwartungen einher. Dass man wahre Superkräfte, wie Fliegenkönnen, entwickeln werde, den Röntgenblick lernen könne[94] oder die Fähigkeit erhalte, als Heiler Wunder, als Mensch Gottgleiches zu vollbringen.

Natürlich ist das riesige Feld Esoterik mit all dem, was hier gesagt wurde, nur im Ansatz beschrieben. Und natürlich gibt es zu allem, was ich hier abschließend festhalte, auch Ausnahmen. Am Ende stand auch für mich nach zwei Jahren Beschäftigung mit dem Thema vor allem eins fest: Esoterik ist einfach nicht zu fassen.

---

94 Ungelogen, nennt sich »Russische Methoden«.

Dank

Mein Dank für ihre Hilfe gilt nachfolgenden Personen: Alison May Phillips, Jenni Roth, Brinda Sommer, Joachim Peerenboom, Petra Kurfer, Herfried Kurfer, Gregor Kurfer, Oliver Brauer, Karin Herber-Schlapp, Steffen Geier, Elisabeth Steinbrückner, Leah Thekla Krieg, Jason Kenny, Katja Volkenant, Dr. Friedmann Eisler.

Die meisten Namen in diesem Buch wurden geändert.

Tobias Kurfer
Horrorjobs
Wie ich mich probehalber ausbeuten ließ
Band 19109

Sargträger, Geisterbahnerschrecker, Sexshop-Aushilfe, Kinderanimateur oder Fußballmaskottchen – Tobias Kurfer hat schon fast jeden mies bezahlten Job gemacht. Die Arbeit war stressig, eklig, todlangweilig oder einfach nur peinlich. Jetzt berichtet er vom Scheitern, Schämen und Durchhalten.

Ein irrwitziger Trip durch eine oft fremde und skurrile Berufswelt und ein unbezahlbarer Blick hinter die Kulissen der undankbarsten und nervtötendsten Jobs.

Fischer Taschenbuch Verlag